김진홍 목사 말씀 산책
창세기에서 계시록까지

이 사 야

일 어 나 라
빛 을 발 하 라

Rise up be shine

김진홍 지음

미 문
커뮤니케이션

구약의 복음서 ● 메시아의 책

일어나라 빛을 발하라

일어나라 빛을 발하라 이는 네 빛이 이르렀고
여호와의 영광이 네 위에 임하였음이니라
이사야 60:1

김진홍 지음

Rise up be shine

김진홍 목사 말씀 산책
창세기에서 계시록까지

이사야

· contents ·

· 「일어나라 빛을 발하라」를 출간하며 ·

이사야서를 일컬어 구약의 복음서라고 할 만큼 이사야서는 소중한 책입니다. 이사야서는 66장으로 이루어져 있기에 성경 66권과 통합니다. 그 내용에 있어 더욱 그러합니다.

구약 성경이 39권, 신약 성경이 27권입니다. 그런데 이사야서의 내용 전개가 1장에서 39장까지 39장은 구약의 내용과 상통하고 40장에서 66장까지 27장은 그 내용이 신약 27권과 상통합니다. 구약과 상통한다고 함은 책망, 징계, 심판을 중심 내용으로 하고 신약과 상통한다고 함은 위로, 용서, 희망의 메시지를 중심으로 합니다.

특히 이사야서에서는 오실 메시아 예수 그리스도에 대한 예언의 말씀이 풍성합니다. 7장 14절의 "보라 처녀가 잉태하여 아들을 낳으리니…"라는 말씀이나, 11장 1절의 "이새의 줄기 다윗의 족보에서 싹이 나리니"의 말씀에서, 그리고 메시야 예언장으로 알려진 53장 전체가 부활절의 주인이신 메시아 예수 그리스도의 오심에 대하여 구체적으로 일러 줍니다.

교회에는 양대 절기가 있습니다. 부활절과 성탄절입니다. 2024년 올해 부활절은 3월 31일입니다. 부활절에서 거슬러 올라가 주일을 뺀 40일간을 사순절 기간으로 보냅니다. 예수님의 부활 사건이 워낙 중요 하기에 부활절을 맞이하기 40일 전부터 경건과 절제의 생활을 하며 영적 성숙의 기간으로 보내자는 뜻에서 사순절이 정해졌습니다.

2024년 사순절 기간에 이사야서를 묵상하며 거룩하게 보내기를 원하는 뜻에서 40일간 이사야서를 묵상하는 내용으로 책으로 출간합니다. 올해 부활절에 부활하신 그리스도를 새롭게 만나게 되기를 기대하며 사순절 기간을 이사야서 묵상으로 보낼 수 있기를 바랍니다.

창세기에서 요한 계시록까지 성경 말씀을 잘 정리해서 남기고 싶은 마음이 있어서 오랫동안 책을 사 모으고 글을 쓰고 설교를 하였습니다. 이번에 이사야서를 정리해 책을 출간합니다.

이 책이 출간될 수 있도록 불철주야 수고한 방경석 집사에게 고마운 마음을 전합니다.

chapter

01

이사야서 개론

성경 66권 중에 거의 3분의 1이 예언서에 속합니다. 그중 이사야서는 예언서 중의 예언서입니다. 구약 예언자의 전통은 문서 전 예언자, 문서 예언자 두 부류로 갈라집니다. 자기 이름으로 예언서를 남기지 않았던 엘리야, 엘리사, 나단 같은 분들을 문서 전 예언자라 하고 자기이름으로 예언서를 남긴 이사야, 예레미야, 다니엘, 아모스, 호세아 같은 분들을 문서 예언자라 합니다.

문서 예언자 중에 이사야, 예레미야, 에스겔, 다니엘 4명을 대 예언자라고 하고 호세아, 요엘, 아모스, 오바댜, 요나, 미가, 나훔, 하박국, 스바냐, 학개, 스가랴, 말라기 12명을 소 예언자로 분류하는데 그 기준은 예언서의 분량이 많고 적음에 따른 것입니다.

또 활동했던 시기에 따라 문서 예언자도 1기, 2기, 3기로 나눕니다.

1기는 북이스라엘이 앗시리아에게 멸망 당한(BC 722년) BC 8세기와

7세기 칠, 팔십여 년간 활동했던 예언자들입니다. 아모스, 호세아, 이사야, 미가, 요나, 요엘 이렇게 육인 조가 문서 예언자 1기입니다.

2기는 남 왕국 유다의 멸망 전후, 그러니까 BC 6세기 그 전후 백여 년간 활약했던 예언자들인데 예레미야, 에스겔, 다니엘이 가장 대표적입니다.

3기는 BC 5세기 이후 바벨론 포로 생활기와 상환기에 활약했던 예언자들로 학개, 스가랴, 스바냐, 말라기까지의 예언자들입니다.

이 예언자들의 전통은 성경적 신앙이 가지는 독특한 전통입니다. 세계적으로 많은 종교가 있습니다. 종교학에서는 세계 종교를 한 삼천여 가지로 꼽습니다. 삼천여 종교 중에서 예언자들의 전통을 가진 종교는 기독교가 유일합니다. 그래서 이 예언자들에 대한 바른 이해가 대단히 중요합니다.

예언에는 세 가지 역할이 있습니다.

첫째는 당시 시대에 대한 예언입니다.
둘째는 앞으로 일어날 일에 대한 예언입니다.
셋째는 지금 우리에게 주는 메시지(교훈)입니다.

예수님께서 '율법서와 예언자들이 나에 대해서 말하였거니와'라고 말씀하셨습니다. 모세의 율법서, 예언서들의 중심에 예수님이 있습니다. 성경 육십육 권의 중심에 예수님이 계시는 겁니다. 예수님을 중심으로 읽어야 복음적 이해를 바로 하는 것이지 예수님을 모르고 그냥 읽으면 그냥 삼국지나 무슨 홍길동전 같은 이런 책 읽는 것과 마찬가지입니다. 예수님을 중심으로 읽는 것, 이것을 '복음적 이해_Evangelical understanding'라고 합니다.

성경 육십육권 어디를 읽든지 예수님 중심으로 읽어야 합니다. 특별히 이사야서는 구약의 복음서라는 별명이 붙어 있습니다. 구약 삼십구권 중에서 메시아, 예수 그리스도에 대해서 가장 확실하고 강하게 언급한 책이 이사야서입니다. 오실 메시아, 고난 당하시는 예수를 구체적으로 언급한 책이 이사야서 11장과 53장 이런 부분입니다. 우리가 이사야서를 묵상하면서 그 중심에 있는 예수님을 꼭 만날 수 있어야 합니다. 마음에 꼭 새길 수 있게 되기를 바랍니다.

이사야서는 66장으로 이루어져 있는데 신구약 66권 성경과 내용이 비슷합니다. 신구약 66권 중에 구약은 39권, 신약은 27권, 합쳐서 66권인데, 이사야서 66장 중에서 1장에서 39장까지는 그 내용이 구약의 내용과 통합니다. 40장부터 66장까지, 27장은 신약의 내용과 상통합니다. 이사야 1장에서 39장까지가 구약 39권의 내용과 통한다는 말은 무슨 말이냐 하면 구약 성경은 책망, 징계, 심판이 중심 내용인데 이사야서 1장에서 39장까지가 그 내용으로 전개됩니다. 신약 27권의 내용이 용서, 구원, 사랑, 이런 걸로 이루어져 있는데 이사야 40장부터 66장까지 27장이 바로 신약 27권과 상통합니다. 그런 전체적인 안목을 가지고 이사야서를 묵상하면 훨씬 이해가 깊어집니다.

chapter

02

이사야서 주제

이사야서에는 5가지 주제_Keyword가 있습니다. 이사야서를 바르게 이해하는 중요한 열쇠입니다. 이 다섯 단어를 마음에 잘 소화해서 그 영적 의미를 깨달으면 이사야서가 우리의 구원 이야기가 됩니다.

첫째가 '구원'입니다.

이사야라는 이름 자체가 **"여호와는 구원이시다"**라는 뜻이 있습니다. 이사야서를 구원의 이야기로 읽어야 합니다.

> "너희의 하나님이 이르시되 너희는 위로하라 내 백성을 위로하라 너희는 예루살렘의 마음에 닿도록 말하며 그것에게 외치라 그 노역의 때가 끝났고 그 죄악이 사함을 받았느니라 그의 모든 죄로 말미암아 여호와의 손에서 벌을 배나 받았느니라

할지니라 하시니라" 이사야 1장 1~2절

심판이 끝나고 이제 구원의 손길이 펼쳐집니다. 위로가 임합니다.

'내 백성을 위로하라'

예언자 이사야를 통해서 위로가 선포됩니다. 예언자는 앞날을 미리 아는 사람이 아니라 하나님의 말씀을 선포하는 사람을 말합니다.
한밤중 어두운 역사를 걷다가 동쪽에 해가 뜹니다. 그러면 좋은 시절이 옵니다.

둘째는 '오실 메시아'입니다.
누가 구원을 베푸시느냐? 구원은 오실 메시아, 예수 그리스도를 통해 이루어집니다.

> "그러므로 주께서 친히 징조를 너희에게 주실 것이라 보라 처녀가 잉태하여 아들을 낳을 것이요 그의 이름을 임마누엘이라 하리라" 이사야 7장 14절

그 처녀가 누구입니까? 마리아입니다. 그런데 유대인들은 잘못 생각했습니다. 메시아에 대한 개념이 틀렸습니다. 다윗과 아브라함을 합친 슈퍼스타가 나팔을 불고 올 것으로 생각했습니다. 그런데 예수님이

마구간에 오셔서 죄인들하고, 무식한 어부들하고 어울려서 병자를 고치고 하니까 무슨 메시아가 저러냐? 가짜라고 해서 십자가에 못 박은 것입니다. 유대인들이 이사야서를 잘 못 읽은 것입니다. 분명히 이사야 52장에 메시아의 모습을 말씀하셨습니다.

> "보라 내 종이 형통하리니 받들어 높이 들려서 지극히 존귀하
> 게 되리라 전에는 그의 모양이 타인보다 상하였고 그의 모습
> 이 사람들보다 상하였으므로 많은 사람이 그에 대하여 놀랐거
> 니와" 이사야 52장 13~14절

'보라' 명령문입니다. 분명히 존귀하게 되는 메시아인데 상한 모습, 고난의 종으로 오시는 겁니다.

> "우리가 전한 것을 누가 믿었느냐 여호와의 팔이 누구에게 나
> 타났느냐 그는 주 앞에서 자라나기를 연한 순 같고 마른 땅에
> 서 나온 뿌리 같아서 고운 모양도 없고 풍채도 없은즉 우리가
> 보기에 흠모할 만한 아름다운 것이 없도다 그는 멸시를 받아
> 사람들에게 버림 받았으며 간고를 많이 겪었으며 질고를 아는
> 자라 마치 사람들이 그에게서 얼굴을 가리는 것 같이 멸시를
> 당하였고 우리도 그를 귀히 여기지 아니하였도다"
> 이사야 53장 1~3절

메시아가 예수 그리스도가 어떤 고난을 당하게 되는지도 53장에 예언하셨습니다. 53장을 메시아 예언장이라고 합니다. 성경 전체에서 굉장히 중요합니다.

세 번째는 '남은 자'입니다.

하나님께서 그 시대의 남은 자를 통해서 하나님의 뜻을 펼치시고 구원 역사를 이루십니다. 심판 받고 포로로 끌려가고 다치고 뿔뿔이 흩어졌는데 누구를 중심으로 구원역사를 이루시는지 확실히 알아야 합니다.

> "그의 남아 있는 백성 곧 앗수르에서 남은 자들을 위하여 큰
> 길이 있게 하시되 이스라엘이 애굽 땅에서 나오던 날과 같게
> 하시리라" 이사야 11장 16절

'어느 시대에서나 하나님이 그 시대의 구원 역사를 일으키려는 그루터기, 남은 자가 있다. 그 남은 자를 통해서 절망의 시대를 극복하고 새 시대에 새순이 돋게 한다.'

이것이 이사야서가 제시하는 영적 상상력입니다.

그런데 사도 바울이 이 말을 로마서 11장에서 다시 말씀합니다. 그래서 구약의 이런 예언과 신약의 응답이 우리 마음속에 물 흐르듯이 흘러야 합니다. 그것이 성경을 읽고 깊이 들어가는 길입니다.

로마서 11장 5절 **"그런즉 이와 같이 지금도 은혜로 택하심을 따라**

남은 자가 있느니라."

　구약에서만, 이사야서에서만 남은 자가 있는 것이 아니라 지금도 남은 자가 있다는 말씀입니다. 로마서 9장 27절입니다.

　"또 이사야가 이스라엘에 관하여 외치되 이스라엘 자손들의 수가 비록 바다의 모래 같을지라도 남은 자만 구원을 받으리니."

　일단은 살아남아야 합니다. 어떤 유명한 명장이 전투를 앞두고 부하들에게 일장 연설을 했습니다.

　"전쟁에서 가장 중요한 것이 뭐냐?"

　"전우애요", "사랑이요", "용기요"…

　"쓸데없는 소리하지 마라. 안 죽고 살아남는 거야."

　명답이지요? 살아남아야 그 남은 자를 통하여 구원 역사를 베푸시니까요.

네 번째는 '하나님의 통치'입니다.

　하나님이 공의로 다스리시는 하나님의 나라입니다. 이사야서에 하나님의 나라에 대해서 구체적으로 나옵니다. 가정도 기업도 나라도 하나님이 다스리시면 그게 하나님의 나라입니다.

　　"보라 장차 한 왕이 공의로 통치할 것이요 방백들이 정의로 다스릴 것이며 또 그 사람은 광풍을 피하는 곳, 폭우를 가리는 곳 같을 것이며 마른 땅에 냇물 같을 것이며 곤비한 땅에 큰 바위 그늘 같으리니" 이사야 32장 1~2절

'보라' 이 말씀이 이사야서에서 가장 잘 쓰는 단어입니다. 희망과 용기를 주는 단어입니다. 장차 오실 왕, 왕 중의 왕 메시아가 공의로 정의롭게 다스리는 나라는, 우리 영혼이 위로 받고 힘을 받는 쉼터가 됩니다. 하나님 나라는 창세기에서 계시록까지 계속 나오는 주제인데 이 말이 처음 나오는 곳이 다니엘서입니다.

> "이 여러 왕들의 시대에 하늘의 하나님이 한 나라를 세우시리니 이것은 영원히 망하지도 아니할 것이요 그 국권이 다른 백성에게로 돌아가지도 아니할 것이요 도리어 이 모든 나라를 쳐서 멸망시키고 영원히 설 것이라" 다니엘 2장 44절

영원히 망하지 않는 나라, 하나님께서 세우시고 다스리시는 나라의 백성이 바로 우리 믿는 사람들입니다.

다섯 번째는 '새 하늘과 새 땅'입니다.

> "보라 내가 새 하늘과 새 땅을 창조하나니 이전 것은 기억되거나 마음에 생각나지 아니할 것이라" 이사야 65장 17절

믿음의 눈으로 우리 앞에 다가오는 새 하늘과 새 땅을 보는 영적 상상력이 있어야 합니다. 영으로 봅니다. 눈으로는 안 보이는데, 가슴에 임하는 영감으로 새 하늘과 새 땅을 봅니다. 눈에 보이는 땅은 힘들고,

모든 것이 마땅치 않아 가슴에 임하는 새 하늘과 새 땅을 보는 것입니다. 이사야서의 마지막에 나오는 새하늘과 새 땅이 신약성서 마지막 요한계시록에 다시 나옵니다.

요한계시록 21장입니다. 요한계시록 21장과 22장을 천국장이라고 합니다. 천국에 대해서 그림같이 쫙 설명해 줍니다. 영적 상상력을 가지고 한 번 읽어보세요. 순례길 같은 이 세상을 살아갈 용기가 납니다.

> "또 내가 새 하늘과 새 땅을 보니 처음 하늘과 처음 땅이 없어
> 졌고 바다도 다시 있지 않더라 또 내가 보매 거룩한 성 새 예
> 루살렘이 하나님께로부터 하늘에서 내려오니 그 준비한 것이
> 신부가 남편을 위하여 단장한 것 같더라" 요한계시록 21장 1~2절

이사야서의 5가지 주제를 살펴보았습니다. 이사야서를 읽다가 이런 말씀이 나오면 정신을 바짝 차리고 깊이 있게 읽고 묵상해야 합니다.

이사야 1장 1~20절

¹유다 왕 웃시야와 요담과 아하스와 히스기야 시대에 아모스의 아들 이사야가 유다와 예루살렘에 관하여 본 계시라 ²하늘이여 들으라 땅이여 귀를 기울이라 여호와께서 말씀하시기를 내가 자식을 양육하였거늘 그들이 나를 거역하였도다 ³소는 그 임자를 알고 나귀는 그 주인의 구유를 알건마는 이스라엘은 알지 못하고 나의 백성은 깨닫지 못하는도다 하셨도다 ⁴슬프다 범죄한 나라요 허물 진 백성이요 행악의 종자요 행위가 부패한 자식이로다 그들이 여호와를 버리며 이스라엘의 거룩하신 이를 만홀히 여겨 멀리하고 물러갔도다 ⁵너희가 어찌하여 매를 더 맞으려고 패역을 거듭하느냐 온 머리는 병들었고 온 마음은 피곤하였으며 ⁶발바닥에서 머리까지 성한 곳이 없이 상한 것과 터진 것과 새로 맞은 흔적뿐이거늘 그것을 짜며

싸매며 기름으로 부드럽게 함을 받지 못하였도다 ⁷너희의 땅
은 황폐하였고 너희의 성읍들은 불에 탔고 너희의 토지는 너
희 목전에서 이방인에게 삼켜졌으며 이방인에게 파괴됨 같이
황폐하였고 ⁸딸 시온은 포도원의 망대 같이, 참외밭의 원두막
같이, 에워 싸인 성읍 같이 겨우 남았도다 ⁹만군의 여호와께서
우리를 위하여 생존자를 조금 남겨 두지 아니하셨더면 우리가
소돔 같고 고모라 같았으리로다 ¹⁰너희 소돔의 관원들아 여호
와의 말씀을 들을지어다 너희 고모라의 백성아 우리 하나님의
법에 귀를 기울일지어다 ¹¹여호와께서 말씀하시되 너희의 무
수한 제물이 내게 무엇이 유익하뇨 나는 숫양의 번제와 살진
짐승의 기름에 배불렀고 나는 수송아지나 어린 양이나 숫염소
의 피를 기뻐하지 아니하노라 ¹²너희가 내 앞에 보이러 오니
이것을 누가 너희에게 요구하였느냐 내 마당만 밟을 뿐이니라
¹³헛된 제물을 다시 가져오지 말라 분향은 내가 가증히 여기는
바요 월삭과 안식일과 대회로 모이는 것도 그러하니 성회와
아울러 악을 행하는 것을 내가 견디지 못하겠노라 ¹⁴내 마음이
너희의 월삭과 정한 절기를 싫어하나니 그것이 내게 무거운

짐이라 내가 지기에 곤비하였느니라 ¹⁵너희가 손을 펼 때에 내가 내 눈을 너희에게서 가리고 너희가 많이 기도할지라도 내가 듣지 아니하리니 이는 너희의 손에 피가 가득함이라 ¹⁶너희는 스스로 씻으며 스스로 깨끗하게 하여 내 목전에서 너희 악한 행실을 버리며 행악을 그치고 ¹⁷선행을 배우며 정의를 구하며 학대 받는 자를 도와 주며 고아를 위하여 신원하며 과부를 위하여 변호하라 하셨느니라 ¹⁸여호와께서 말씀하시되 오라 우리가 서로 변론하자 너희의 죄가 주홍 같을지라도 눈과 같이 희어질 것이요 진홍 같이 붉을지라도 양털 같이 희게 되리라 ¹⁹너희가 즐겨 순종하면 땅의 아름다운 소산을 먹을 것이요 ²⁰너희가 거절하여 배반하면 칼에 삼켜지리라 여호와의 입의 말씀이니라

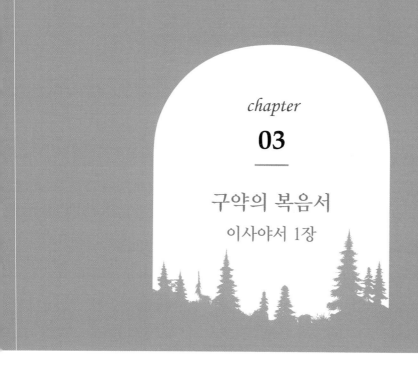

1장 1절에 네 명의 왕이 등장합니다. 이사야는 이스라엘 역사의 격동기에 오래 살면서 웃시야 왕, 요담 왕, 아하스 왕, 히스기야 왕 이렇게 네 왕을 거쳤습니다. 특별히 히스기야 왕 같은 분은 다윗 왕 이래로 가장 현명한 왕이었습니다. 현군이었습니다. 그리고 히스기야 왕과 이사야는 친척이었습니다.

예언자 중에 아모스 같은 분은 국경 지방에서 과수원을 하던 사람이었고 양 치던 사람도 있는데 이사야는 왕족 출신입니다. 이사야의 아버지가 그 당시의 왕과 형제라 이사야는 왕과 사촌간이었기 때문에 궁중에서 고급 학문을 접했습니다. 요즘 말로 하면 최고 경영자 코스, 왕족 자녀들을 따로 모아서 교육을 시키는 그런 시스템이 있었습니다.

이사야는 왕족들이 받는 교육을 받았기 때문에 아주 안목이 뛰어납니다. 국제적인 감각이 탁월하고, 정치적인 판단력도 정확하고 문장도 또한 수려합니다. 성경 66권 중에서 가장 아름다운 문장, 품위 있는 문장이 이사야서입니다. 이런 점을 우리가 염두에 두어야 합니다.

이사야서 1장이 이사야서 66장 전체를 요약해서 담고 있습니다. 다섯 단계로 요약합니다.

첫째로 이스라엘이 하나님을 배반합니다.

"하늘이여 들으라 땅이여 귀를 기울이라 여호와께서 말씀하시기를 내가 자식을 양육하였거늘 그들이 나를 거역하였도다"

이사야 1장 2절

이스라엘 백성이 하나님을 등지며 우상 숭배하고 가난한 자를 핍박하고 부정, 부패가 심했습니다. 그걸 지금 선지자 이사야가 하늘을 우러러 탄식하며 '하늘이여 들으라 땅이여 귀를 기울이라, 여호와께서 말씀하신다. 내가 자식들을 길렀는데 그 자식들이 나를 거역했도다'라고 예언합니다. 그래서 이사야서에는 자식에게 배반 당한 부모의 슬픔, 부모의 그 안타까움이 맥맥히 흐릅니다. 자식들을 키워보면 알겠지만, 자식이 부모 마음을 잘 모르지 않습니까? 잘 되면 자기가 잘난 줄 알고 못되면 부모 탓인 줄 알고 부모님이 돌아가신 뒤에야 '아이고, 잘 할 걸'하고 후회합니다. 우리가 대체로 다 그렇습니다.

3절에 '소는 그 임자를 알고 나귀는 그 주인의 구유를 알건마는'이라고 탄식하십니다. 구유는 소, 말, 죽통, 여물통 그래요. 여물통을 좀 고

상한 말로 구유라 그럽니다. 예수님이 구유에 태어나셨지요. 나는 어릴 때 예수님이 구유에 나셨다고 해서 굉장히 좋은 시설에서 난 것처럼 오해했는데 나중에 철들고 성경을 공부해 보니까 소죽통입니다. 여물통에서 아기를 받았습니다. 이땅에 오신 하나님, 그리스도께서 가장 비천하게 오셨습니다. 아기를 받을 무슨 '다라이'나 통이 없어서 여물통에 아기를 받은 것입니다. 여물통을 씻었겠지요. 씻고 나서 아기를 받은 거지요. 같은 말입니다. 이제 구유란 말을 이해하셨지요.

4절부터 이스라엘 백성들이 계속해서 하나님을 배반하는 역사가 나옵니다. 민수기에서 예레미야까지 반복되는 배반의 역사입니다. 여러분이 성경을 읽으면서 이런 부분을 마음으로 읽을 수 있어야 합니다.

이스라엘 백성들이 하나님을 등지고 하나님이 안타까워서 채찍질하면 '아! 잘못했습니다.' 회개하니까 하나님이 다시 축복하시고 또 숨쉴 만하고 살만하면 또 배반하고, 배반하면 하나님이 뭐 할 차례입니까? 그 채찍이 앗시리아 채찍, 바벨론 채찍, 미디안, 블레셋, 때를 따라 채찍이 바뀝니다.

사랑의 채찍으로 징계하면 백성들이 "아이고, 하나님 회개합니다. 우리가 하나님을 등지고 세상과 짝했다가 이런 재난을 당하게 됩니다. 불쌍히 보시옵소서"하고 회개하면 하나님의 사랑이 채찍을 거두고 축복하십니다. 그러면 또 "감사합니다" 했다가 좀 지나면 또 빗나갑니다. 이것이 되풀이됩니다. 다섯 단계를 거칩니다.

"슬프다 범죄한 나라요 허물 진 백성이요 행악의 종자요 행위
가 부패한 자식이로다 그들이 여호와를 버리며 이스라엘의 거룩
하신 이를 만홀히 여겨 멀리하고 물러갔도다" 이사야 1장 4절

첫 번째 하나님을 배반하는 백성들로 인한 하나님의 탄식입니다.
그냥 슬픈 것이 아니라 뼛속 깊이 스며드는 슬픔입니다. 자식에게
배반 당한 부모의 슬픔입니다. 이스라엘 백성이 빗나가고 부패하여 거
룩하신 하나님을 소홀히 하고 등한시하고 우상 앞에 절하는 것을 말하
는 것입니다.

**두 번째 마침내 하나님이 참다, 참다 못해서 그들을 다시 징계하
십니다.**

"너희가 어찌하여 매를 더 맞으려고 패역을 거듭하느냐 온 머
리는 병들었고 온 마음은 피곤하였으며 발바닥에서 머리까지
성한 곳이 없이 상한 것과 터진 것과 새로 맞은 흔적뿐이거늘
그것을 짜며 싸매며 기름으로 부드럽게 함을 받지 못하였도다"
이사야 1장 5~6절

사랑의 채찍이지요. 결국 하나님께서 BC 722년에 앗시리아 채찍으
로 이스라엘을 치십니다. 그런데 그것으로 끝나는 것이 아니라 다시
기회를 주십니다. 16절입니다.

세 번째 회개를 촉구하십니다.

> "너희는 스스로 씻으며 스스로 깨끗하게 하여 내 목전에서 너
> 희 악한 행실을 버리며 행악을 그치고 선행을 배우며 정의를
> 구하며 학대 받는 자를 도와 주며 고아를 위하여 신원하며 과
> 부를 위하여 변호하라 하셨느니라" 이사야 1장 16~17절

'살길은 하나다. 서로 서로 위로하고 돌보고 자유와 평등, 박애, 이
세 가지가 이루어지는 거룩한 공동체를 이루는 그 외에는 길이 없다.'
악을 행한 이스라엘에게 회개를 촉구합니다.

네 번째 회개하면 하나님께서 회복시켜 주십니다.

> "너희가 즐겨 순종하면 땅의 아름다운 소산을 먹을 것이요 너
> 희가 거절하여 배반하면 칼에 삼켜지리라 여호와의 입의 말씀
> 이니라" 이사야 1장 19~20절

'회개하면 축복된 역사를 맞는다. 그러나 거절하여 배반하면, 회개
안 하고 끝까지 나가면 칼에 너희들이 재난을 당한다.'
결론입니다. 결국 이스라엘은 앗시리아 칼에 멸망 당하게 됩니다.
이사야 생전에 성은 허물어지고 백성들은 죽고, 다치고 뿔뿔이 흩어지
고, 포로로 잡혀서 앗시리아로 끌려갑니다.

다섯 번째 구원의 약속입니다. 이사야서의 전체의 주제라고 할 수 있습니다.

> "시온은 정의로 구속함을 받고 그 돌아온 자들은 공의로 구속
> 함을 받으리라 그러나 패역한 자와 죄인은 함께 패망하고 여
> 호와를 버린 자도 멸망할 것이라" 이사야 1장 27~28절

BC 722년에 앗시리아에 포로로 끌려갔던 사람들은 영원히 돌아오지 못했습니다. 앗시리아의 노예 정책이 전국에 노예를 흩어버리는 것이어서 뿔뿔이 흩어져서 노예 생활하다가 거기에 흡수되어 버리고 돌아오지 못했습니다.

하지만 예루살렘이 멸망하고 남유다가 멸망할 때는 BC 587년인데, 그 사람들은 70년 만에 돌아왔습니다. 그때는 바벨론 제국에 멸망했는데 바벨론은 포로로 잡아 온 노예들을 바벨론 그발 강가에 천막을 지어, 모아놓고 살게 하였습니다. 그러다가 바벨론이 멸망하고 고레스 왕이 BC 538년에 페르시아를 건국하였는데, 고레스가 '예루살렘에서 포로로 끌려온 자들은 다 본국으로 돌아가라. 본국으로 돌아 가서 여호와를 섬겨라, 성전을 지으라' 하고 명령하여 이 사람들은 돌아왔습니다.

이런 역사의 격랑 속에서 하나님의 구원 역사가 어떠하셨는지 그걸 읽어야 우리가 성경을 바로 읽는 겁니다. 옛날에 지나간 이야기로만 읽으면 영적인 진리가 우리 가슴에 닿지 못합니다. 그 사건과 사건, 역

사와 역사 속에서 전능하신 하나님의 구원 역사가 어떻게 전개되었느
냐? 구원사적 이해, 하나님이 구원 역사, 구속사로서 성경을 이해해야
합니다.

이사야서 1장이 그런 점에서 예언서의 핵심이 담겨 있는 중요한 말
씀인데, 그중에서 18절이 중요합니다. 이 말씀에 줄을 치고 깊이 읽고
묵상해야 합니다. 하나님이 이스라엘 백성들에게 사정하시는 겁니다.
뭘 사정하느냐?

'만나서 대화 좀 하자. 만나서 좀 이야기를 나누자.'

하나님의 요청입니다. 이사야서 1장 18절입니다.

> "여호와께서 말씀하시되 오라 우리가 서로 변론하자 너희의
> 죄가 주홍 같을지라도 눈과 같이 희어질 것이요 진홍 같이 붉
> 을지라도 양털 같이 희게 되리라"

위대한 말씀입니다. 하나님께서 미천한 우리에게 대화를 요청하십
니다.

'우리가 서로 대화하자. 변론하자.'

대화는 기적을 낳습니다. 어떤 기적입니까? 하나님을 만나서 대화
하면 주홍같이 붉은 죄도 없어지게 되고 진홍같이 붉은 죄도 양털같
이 희게 된다는 것입니다. 지금 우리에게 하나님과의 대화는 무엇입니
까? 기도지요. 또 기도에 곡을 붙이면 찬양입니다. 기도는 힘이 있습

니다. 지난날의 상처, 아픔, 원망이 모두 다 하나님과의 대화, 기도를 통하여 소멸이 되고 다 치유가 되고 회복됩니다.

여러분 이사야를 읽으면서 하나님과 깊은 대화, 기도를 통하여 지나간 날의 상처, 원망, 시비, 안타까움이 모두 다 눈 녹듯이 녹기를 바랍니다. 양털같이 희게 되기를 바랍니다. 이사야서는 그래서 깊이가 있습니다. 그래서 구약의 복음서라고 말합니다.

하나님 앞에 회개하고 순종하면 땅의 아름다운 소산을 먹을 것이고(19절) 거절하여 배반하면 칼에 삼켜지리라고(20절) 여호와께서 말씀하셨는데 불행하게도 이스라엘 백성들은 19절이 아니라 20절을 택했습니다. 회개하고 순종하지 못하고 불순종하고 끝까지 회개하지 않다가 앗시리아의 칼에 삼켜졌습니다. 지금 우리에게 주시는 살아있는 말씀으로 받을 수 있게 되기를 바랍니다.

위대한 비전
이사야 2장

"그가 열방 사이에 판단하시며 많은 백성을 판결하시리니 무리가 그들의 칼을 쳐서 보습을 만들고 그들의 창을 쳐서 낫을 만들 것이며 이 나라와 저 나라가 다시는 칼을 들고 서로 치지 아니하며 다시는 전쟁을 연습하지 아니하리라" 이사야 2장 4절

　전쟁이 없는 시대, 평화의 시대가 도래할 것을 하나님의 사람 이사야는 비전 중에, 환상 중에 보고 있습니다.
　'다시는 전쟁을 연습하지 아니하리라.'
　귀한 말씀입니다. 이사야서는 66장 전체 속에 영적인 상상력과 비전이 넘치는 책입니다. 그래서 이사야서를 구약의 복음서라 그렇게 부르기도 하고 전 세계 많은 책 중에 미래에 대한 비전이 가장 넘치는 책이라고 인정을 받습니다.

'세계 모든 나라들이 군사 연습을 중단하고 핵무기를 해체해서 평화의 시대가 온다. 탱크를 녹여서 트랙터를 만들고 총을 녹여서 괭이와 호미를 만드는 시대, 여호와의 날에 그런 시대가 온다.'

위대한 비전, 위대한 미래입니다. Great vision, Great future.

지금 우리나라가 정치, 경제, 안보에 많은 문제가 있지만 가장 큰 문제는 북한의 핵입니다. 6.25 전쟁이 1953년 7월 27일에 휴전이 되었습니다. 전쟁 시작된 지 삼 년 일 개월 만에 휴전이 되었는데 휴전 후에 김일성이 생각했습니다. 막상 스탈린하고 모택동이 밀어준다고 해서 전쟁을 시작했는데 막상 전쟁이 벌어지니까 스탈린, 소련도 별 필요 없고 모택동도 큰 힘이 안 되니, 앞으로 자기 정권을 유지하려면 핵을 만들 수밖에 없다고 생각하고 휴전 다음 해인 1954년에 아주 머리 좋은 청년 열 명을 뽑아서 소련에 핵 공부하러 보냈습니다.

하지만 남한의 이승만 대통령은 휴전 삼 년 후인 1956년에 원자력 연구소를 만들고 달러가 귀하던 때지만 장학생을 뽑아서 핵 연구하라고 미국으로 유학 보냈습니다. 그래서 북한은 그 뒤로 핵무기를 만드는 쪽으로 나가고 우리는 핵 발전소로 나갔습니다. 근데 핵무기보다 핵 발전소가 훨씬 상위 기술인 것이 핵 발전소를 만들 수 있으면 핵무기 만드는 것은, 그건 하위 기술이기 때문에 어렵지 않습니다.

어느 서울대학 물리학과 교수는 우리 정부에서 일조 예산과 일 년 기간만 주면 핵폭탄 열 개를 만들 수 있다고 말합니다. 우리는 핵을 평화적 이용에 쓰고 북한은 핵폭탄 만드는데 썼습니다.

그런데 여러분 성경 말씀에 의하면 하나님께서 핵무기니, 탱크니, 잠수함이 다 사라지는 시대를 허락하신다고 말씀하셨습니다. 소련이 1990년에 해체가 되었는데, 그때 소련에 핵탄두가 칠천이백 개였습니다. 칠천이백 개의 핵탄두 가지고 나라가 망해버렸습니다. 북한 핵에 대해서 너무 우리가 공포심을 가질 것이 아니라 대비를 잘하고 열심히 기도하면 하나님의 때에 하나님의 방법으로 해결될 것입니다. 그렇게 우리가 믿고, 역사는 하나님이 주장하신다는 신앙적인 관점이 대단히 중요합니다.

2022년 2월에 러시아의 푸틴이 우크라이나를 침공해서 지금 오랫동안 전쟁을 끌고 있는데 언제 전쟁이 끝날지는 잘 모릅니다. 푸틴은 삼일, 일주일이면 끝낼 것이라고 장담했는데 벌써 2년이 다 되어가도 우크라이나를 점령하지 못하고 점점 국제 사회에서 압력을 받고 있습니다. 전쟁에서 불리해지면 푸틴이 핵무기를 쓸 것이라고 모두 걱정하고 있지만 핵무기를 쓰는 날은 러시아와 푸틴 자체가 지구상에서 사라지게 되니까 쓰기가 쉽지 않습니다.

본문 말씀에 하나님의 날에 하나님께서 그런 평화의 때를 허락하신다고 하십니다. 이사야서 11장이 비슷한 말씀입니다.

"그 때에 이리가 어린 양과 함께 살며 표범이 어린 염소와 함께 누우며 송아지와 어린 사자와 살진 짐승이 함께 있어 어린 아이에게 끌리며 암소와 곰이 함께 먹으며 그것들의 새끼가

함께 엎드리며 사자가 소처럼 풀을 먹을 것이며 젖 먹는 아이
가 독사의 구멍에서 장난하며 젖 뗀 어린 아이가 독사의 굴에
손을 넣을 것이라" 이사야 11장 6~8절

11장 6절 말씀 '그때에_미래의 어느 날, 하나님이 역사하시는 그때에' '이리가
어린 양과 함께 살며_북한군과 국군이 같이 살며' 그 말이지요. '표범이 어린
염소와 함께 누우며 송아지와 어린 사자와 살진 짐승이 함께 있어 어
린아이에게 끌리며_이 땅에 전쟁과 폭력과 그런 위협이 사라지는 때, 아름다운 세계가
눈앞에 있다.'

이사야가 환상 중에 그런 비전을 품고 있습니다. 이사야 11장 7절
말씀이 평화의 시대에 대한 가장 환상적인 내용입니다.

'암소와 곰이 함께 먹으며 그것들의 새끼가 함께 엎드리며 사자가
소처럼 풀을 먹을 것이며 젖 먹는 아이가 독사의 구멍에서 장난하며
젖뗀 어린아이가 독사의 굴에 손을 넣을 것이라.'

"내 거룩한 산 모든 곳에서 해됨도 없고 상함도 없을 것이니
이는 물이 바다를 덮음같이 여호와를 아는 지식이 세상에 충
만할 것임이라" 이사야 11장 9절

이사야서가 66장으로 이루어져 있어서 성경의 66권과 내용이 통한
다고 말씀드렸습니다. 이사야서는 1장에서 39장까지는 책망, 심판, 징
계가 중심을 이루는 구약의 내용과 상통하고 40장에서 66장까지 27장

은 위로, 용서, 구원의 메시지인 신약과 통합니다. 그래서 어떤 성경학
자는 이사야서는 1장에서 39장까지는 저자 A, 40장부터는 저자 B, 다
른 저자가 썼다고 말하는데 그것은 학자들의 얘기고, 한 사람이 썼는
데 내용이 달라지는 거지요. 1장에서 39장까지는 구약의 흐름, 40장부
터는 신약의 은혜 시대의 도래를 일러줍니다.

> "너희의 하나님이 이르시되 너희는 위로하라 내 백성을 위로
> 하라" 이사야 40장 1절

39장까지 하고 완전히 다르지요. 책망, 징계, 심판을 얘기하다가 40
장 1절에 완전히 다른 흐름으로 위로하라, 위로하라, 내 백성을 위로
하라고 하십니다.

왜요? 책망과 심판과 시련의 때는 지나가고 이제는 하나님의 은혜
로 축복의 때가 도래한다는 것입니다.

> "너희는 예루살렘의 마음에 닿도록 말하며 그것에게 외치라
> 그 노역의 때가 끝났고 그 죄악이 사함을 받았느니라 그의 모
> 든 죄로 말미암아 여호와의 손에서 벌을 배나 받았느니라 할
> 지니라 하시니라" 이사야 40장 2절

3절 말씀에 '외치는 자의 소리여'는 예언자들의 선포를 말합니다.
'이르되 너희는 광야에서 여호와의 길을 예비하라 사막에서 우리 하나

님의 대로를 평탄하게 하라.'

40장부터 이렇게 확 달라집니다. 세계사나 한국 역사만 바뀌는 것이 아닙니다. 우리 교회와 개인도 '어느 날_하나님의 때에' 하나님이 허락하시는 은총의 손길로 축복과 은혜의 시대가 열리게 됩니다. 이 믿음을 확신하게 되기를 바랍니다.

chapter

05

포도원의 노래
이사야 5장

이사야서 5장은 '포도원의 노래'라는 특별한 제목이 붙어 있습니다. 5장 1절에 '나는 내가 사랑하는 자를 위하여 노래하되'라고 하십니다. 그래서 이런 제목이 붙었습니다. 이스라엘 백성을 포도원에 비유해서 농부가 포도원을 지성으로 가꾸듯이 하나님께서 포도원 같은 이스라엘 백성들을 정성껏 가꾸었는데 이스라엘이 하나님을 배반하고 하나님을 등지고 몹쓸 짓만 계속했습니다.

'그런 포도원을 내가 가만둘 수 있겠느냐? 나를 배반하고 우상 앞에 절하고 가난한 자를 압박하고 부정, 부패를 일삼고 이런 포도원을 내가 가만두지 않겠다.'

그래서 하나님이 직접 포도원을 멸하시는 것이 아니라 앗시리아를 불러들여서, 또 바벨론을 불러들여서 포도원을 다 없애고 거기에서 하나님의 뜻에 합당한 자, 소수만 남겨서 그 사람들을 통해 새로운 역사를 만들겠다는 말씀입니다. 그 새로운 역사의 중심에는 오실 메시아, 그리스도가 있습니다. 이사야서 전체에서 하나님의 구속사의 그림을 보여줍니다.

> 나는 내가 사랑하는 자를 위하여 노래하되 내가 사랑하는 자의 포도원을 노래하리라 내가 사랑하는 자에게 포도원이 있음이여 심히 기름진 산에로다 땅을 파서 돌을 제하고 극상품 포도나무를 심었도다 그 중에 망대를 세웠고 또 그 안에 술틀을 팠도다 좋은 포도 맺기를 바랐더니 들포도를 맺었도다 예루살렘 주민과 유다 사람들아 구하노니 이제 나와 내 포도원 사이에서 사리를 판단하라 내가 내 포도원을 위하여 행한 것 외에 무엇을 더할 것이 있으랴 내가 좋은 포도 맺기를 기다렸거늘 들포도를 맺음은 어찌 됨인고 이제 내가 내 포도원에 어떻게 행할지를 너희에게 이르리라 내가 그 울타리를 걷어 먹힘을 당하게 하며 그 담을 헐어 짓밟히게 할 것이요 내가 그것을 황폐하게 하리니 다시는 가지를 자름이나 북을 돋우지 못하여 찔레와 가시가 날 것이며 내가 또 구름에게 명하여 그 위에 비를 내리지 못하게 하리라 하셨으니 이사야 5장 1~6절

'내가 사랑하는 자가 있는데 그 사랑하는 자가 바로 내가 정성 들여 가꾼 포도원이다. 심히 기름진 산에 있다.'

1절에 하나님께서 정성 들여 가꾼 포도원에 대해서 노래하십니다.

'땅을 파서 돌을 제하고 극상품 포도나무를 심었도다. 그중에 망대를 세웠고 또 그 안에 술 틀을 팠도다. 좋은 포도 맺기를 바랐더니 들포도를 맺었도다.'

정성을 많이 들여서 기대했는데, 제대로 먹지도 못할 들포도를 맺었습니다. 그 정성이 배반당했습니다. 그래서 '예루살렘 주민과 유다 사람들아, 고하노니 이제 나와 포도원 사이에서 사리를 판단하라'(3절)하고 신랄하게 책망하십니다. 그리고 8절부터 포도원 주인 하나님을 배반한 이스라엘이 화가 있을 것이라고 선포하십니다. 이사야서 5장에서 '화 있을진저'가 여섯 번 되풀이됩니다.

이런 말씀을 읽으면 우리나라, 우리 한국 교회는 정말 회개해야 합니다. 금식하며 울며 엎드려 회개할 때에 하나님이 진노를 거두십니다. 그걸 누누이 강조하십니다. 이사야 1장 18절에서 '오라 우리가 서로 변론하자 너희의 죄가 주홍 같을지라도 눈과 같이 희어질 것이요 진홍 같이 붉을지라도 양털같이 희게 되리라'라고 말씀하셨습니다.

그런데 하나님이 사랑하는 포도원 이스라엘은 하나님 앞에 나와서 대화하는 것을 거부했습니다. 계속 우상 앞에 절하고 산천초목을 섬기고 부패했습니다. 세계 역사를 보면 한 나라, 한 사회가 망하는 것은 외국 군대가 침입해서 망하는 것보다 자체 내의 부패로, 지도자도 부패하고 백성도 부패하여 그걸로 망하는 역사가 훨씬 더 많습니다. 하나님께서 그 부패한 백성들을 청소하십니다.

'화 있을진저'를 5장에서 여섯 번이나 되풀이한 뒤에 그다음에 하나님이 청소하는 역사가 이사야서 전반부에 쭉 나옵니다.

"가옥에 가옥을 이으며 전토에 전토를 더하여 빈틈이 없도록
하고 이 땅 가운데서 홀로 거주하려 하는 자들은 화 있을진저"
이사야 5장 8절

　지나친 투기입니다. 집에 집을 사고 농토에 농토를 사고 부동산 투기를 일삼는 자들, 자기 혼자 잘살겠다고 투기로 먹고사는 자들은 '화 있을진저'입니다. 탐욕의 죄입니다. 서울의 어떤 자매는 아파트를 51채 갖고 있다고 합니다. 심지어 집 없는 서민들을 속여 전세 사기로 절망에 빠뜨리는 나쁜 사람들도 많이 있습니다. 어떻게 법망을 교묘히 빠져나가서 그런 짓을 하는지 그런 자들은 '화 있을진저'입니다.

　일본이 한때 엄청 부동산 투기하고 미국 땅을 다 살 듯이 미국의 빌딩하고 땅 사고 했다가 미국이 작심하고 무너뜨리니까 '잃어버린 이십 년' 그러지요. 완전히 바닥에 떨어져서 몹시 어려움을 당했습니다. 한국도 그런 걸 반면교사로 삼아야 합니다.

　중국이 지금 뿌리 채 흔들리는 것이, 삼사 년 동안 너무 부동산에 온 국민이 매달려서 온 중국 땅이 투기장으로 변했었는데, 뿌리부터 흔들거립니다.

"아침에 일찍이 일어나 독주를 마시며 밤이 깊도록 포도주에
취하는 자들은 화 있을진저" 이사야 5장 11절

　두 번째 '화 있을진저'입니다. 술판을 벌이고 세상 다 자기 것인 듯이

그렇게 부어라 마셔라 하는 자들은 화 있다고 하십니다.

> "거짓으로 끈을 삼아 죄악을 끌며 수레 줄로 함 같이 죄악을
> 끄는 자는 화 있을진저" 이사야 5장 18절

진실하지 못하고 거짓말하는 자를 말합니다. 저는 목회자 중에 거짓
말하고 정직하지 못한 목회자들에게 동역자로서 일부러 찾아가서 겸
손하게, 간절히 권합니다.

'이러지 말자. 목사가 정직하지 못하면 나라가 위태롭다. 설교 잘못
해도 행정 잘못해도 하나님 앞에 정직해야 할 의무가 있다.'

하나님은 정직한 백성을 축복하시지, 거짓을 일삼고 속이고 등치고
하는 백성에게는 '화 있을 것이다. 화 있을진저'라고 말씀하십니다.

> "악을 선하다 하며 선을 악하다 하며 흑암으로 광명을 삼으며
> 광명으로 흑암을 삼으며 쓴 것으로 단 것을 삼으며 단 것으로
> 쓴 것을 삼는 자들은 화 있을진저" 이사야 5장 20절

가치관의 혼란을 말합니다. 옳은 걸 옳다 하지 아니하고 나쁜 걸 나
쁘다 하지 아니하고, 나쁜 걸 옳다고 말하고 옳은 걸 나쁘다고 말하는
사상, 그러한 가치관을 가진 자들에게 '화 있을 것이다. 화 있을진저'
라고 말씀하십니다.

"스스로 지혜롭다 하며 스스로 명철하다 하는 자들은 화 있을
진저" 이사야 5장 21절

교만입니다. 성경 상으로 하나님께서 가장 싫어하시는 성품이 교만
입니다. 잠언에서도 교만은 패망의 지름길이라고 말합니다. 교만이라
는 것은 스스로 높아지려는 것, 스스로 잘났다고 생각하는 것입니다.
반면에 하나님이 가장 기뻐하시는 성품은 겸손입니다. 하나님은 겸손
한 자를 가까이하시고 교만한 자는 내치십니다. 교만한 자들에게 '화
있을 것이다. 화 있을진저'라고 말씀하십니다.

"포도주를 마시기에 용감하며 독주를 잘 빚는 자들은 화 있을
진저" 이사야 5장 22절

성경에는 술에 중독되고 술을 즐기는 자들에 대해서 거듭, 거듭 말
합니다. 한국 교회가 술, 담배를 금하는 전통은 참 잘하는 것입니다.
선교사들이 백 년 전에 한국에 와서 선교할 때, 대낮에 길에서 술 먹고
비틀비틀하고 또 밤에 술을 잔뜩 먹고 겨울철에 길에 엎드러져 자다가
얼어 죽는 것을 너무 많이 보았습니다.
'아, 이 민족은 술을 금해야겠구나!'
그래서 술을 금하는 운동이 일어났습니다. 중국 선교사들은 중국 사
람들이 아편을 너무 많이 하니까 중국 교회는 아편을 금하는 걸 정하
고 또 어떤 나라는 너무 커피를 많이 마시니까 커피를 금하는 교회도

있습니다. 각 그 지역의 폐단을 따라서 합니다. 담배를 끊게 하는 것도 그 당시 여전도회 전국 연합회에서 사회 정화 운동의 하나로 한 일입니다.

일본이 정치적으로 침략하기 전에 경제 침략을 먼저 했습니다. 자꾸 조선에 돈을 빌려주는 겁니다. 고종 황제의 딸이 결혼하는데, 황실에 돈이 없으니까 결혼 비용을 충당하기 위해서 일본에게 돈을 빌렸습니다. 일본이 벌써 우리나라가 경제적으로 기울어지는 줄 알고, 섬 하나를 담보로 받고 빌려주었습니다. 고종 황실에서 담보로 맡긴 섬이 '하의도'입니다. 김대중 전 대통령이 출생한 '하의도'를 그때 일본에 담보로 주었습니다. 그것이 나라 전체를 삼키는 시작이지요.

'화 있을진저'

하나님께서는 바로 서지 않는 왕, 지도자, 백성들이 반드시 그 보답을 받게 합니다. 그런 자들은 하나님께서 멸망시키고 남은 자들이 역사를 새로 일으킵니다.

chapter

06

이사야의 소명
이사야 6장

"웃시야 왕이 죽던 해에 내가 본즉 주께서 높이 들린 보좌에 앉으셨는데 그의 옷자락은 성전에 가득하였고 스랍들이 모시고 섰는데 각기 여섯 날개가 있어 그 둘로는 자기의 얼굴을 가리었고 그 둘로는 자기의 발을 가리었고 그 둘로는 날며 서로 불러 이르되 거룩하다 거룩하다 거룩하다 만군의 여호와여 그의 영광이 온 땅에 충만하도다 하더라" 이사야 6장 1~3절

이사야서의 하나님은 거룩하신 하나님이십니다. 같은 시대에 활약했던 예언자가 아모스, 호세아, 이사야, 미가, 요엘, 요나인데 아모스는 사회 정의, 호세아는 사랑과 자비, 이사야는 거룩한 하나님을 강조합니다. 거룩한 하나님을 모시는 성도들의 거룩한 삶, 거룩하신 하나님과 동행하는 삶이 이사야서의 주제입니다.

20대 청년 이사야가 예루살렘 성전에서 지금 묵상하고 있습니다. 바로 이 거룩한 성전에서 거룩한 하나님이 이사야를 사명자로 불러 세우셨습니다.

> "이같이 화답하는 자의 소리로 말미암아 문지방의 터가 요동하며 성전에 연기가 충만한지라 그 때에 내가 말하되 화로다 나여 망하게 되었도다 나는 입술이 부정한 사람이요 나는 입술이 부정한 백성 중에 거주하면서 만군의 여호와이신 왕을 뵈었음이로다 하였더라 그 때에 그 스랍 중의 하나가 부젓가락으로 제단에서 집은 바 핀 숯을 손에 가지고 내게로 날아와서 그것을 내 입술에 대며 이르되 보라 이것이 네 입에 닿았으니 네 악이 제하여졌고 네 죄가 사하여졌느니라 하더라"
>
> 이사야 6장 4~7절

거룩하신 하나님을 표현할 때 연기로 많이 표현합니다. 성전에 연기가 가득하다는 말은 거룩하신 하나님의 임재를 나타냅니다. 하나님의 임재 앞에서 이사야가 말로 하나님께 영광 돌리지 못하고, 말로 거룩하신 하나님을 높이지 못한 것을 고백합니다.

'부정한 자가 거룩하신 하나님을 눈으로 뵙게 되었으니 내가 망하리로다.'

그때는 제단에 항상 숯불로 불을 피웠습니다. 하나님 앞에 불을 피우는 것이 성전에서 하나의 관례입니다. 천사가 젓가락으로 제단의 숯을 하나, 불이 핀 숯을 갖고 날아와서 이사야의 입술에 대면서 네 악이 제하여졌다고 말씀하십니다. 하나님의 말씀을 전하려면 입술이 부정하면 안 되니까 네 입술에 악이 제하여졌다, 네 죄가 사해졌다고 선포하시는 장면입니다. 이사야를 불러 사명을 주실 때의 말씀인데 설교하는 목회자들은 이 말씀이 교과서가 되어야 합니다.

생활 속에서 거룩한 하나님을 모시면서 입으로 악담하거나 누구를 저주하는 말을 하거나 거친 욕설을 하는 것들이 이사야서 6장 말씀으로 보면 있을 수 없는 일입니다. 이사야를 부르실 때 제단 숯불로 입에서 악을 제하는 의식이 먼저 있었습니다.

> "내가 또 주의 목소리를 들으니 주께서 이르시되 내가 누구를
> 보내며 누가 우리를 위하여 갈꼬 하시니 그 때에 내가 이르되
> 내가 여기 있나이다 나를 보내소서 하였더니"이사야 6장 8절

하나님께서는 그때나 지금이나 보내실 자, 사명을 주셔서 백성들에게 거룩함을 선포할 사람을 찾으십니다. 여호와께서 청년 이사야에게 성전에서 말씀하십니다.

내가 누구를 보낼꼬! 누가 우리를 위하여 갈꼬! 왜 우리라고 말하느냐? 성부 하나님, 성자 하나님, 성령 하나님, 삼위일체 하나님을 나타내는 표현이라고 해석하기도 하고 히브리어에서 중요한 것은 복수로 나타내기 때문이라는 해석이 있는데 첫 번째 해석이 합당한 것 같습니다. 8절을 다시 심중에 깊숙이 새기며 읽어보시기 바랍니다.

내가 누구를 보내며 누가 우리를 위하여 갈까! 내가 이르되 내가 여기 있나이다 나를 보내소서!

하나님께서 먼저 이사야의 부정한 입술을 정결케 하신 후에 누가 우리를 위하여 사명자로서 백성들에게로 나아갈지를 물으실 때 이사야가 내가 가겠다고 헌신하는 것입니다.

내가 서른 살에 청계천 빈민촌에 들어가서 청년들을 모아 넝마주이를 했었는데, 하다 보니까 넝마주이 대장처럼 되었습니다. 거기서는 왕초라 그럽니다. 넝마주이들은 습관상 말끝마다 욕이 들어갑니다. 내가 그때 욕을 많이 배웠습니다. 그래서 내가 설교할 때 무심결에 욕이 나오지 않도록 절제합니다. 목회자 중에 설교하거나 집회 인도할 때 욕을 하는 분들이 있어서 그런 분 중에 한 분을 만나서 얘기한 적이 있습니다.

'목사님, 일도 많이 하시고 참 훌륭하신데 그 욕하는 것은 좀 자제하는 것이 좋겠습니다. 나도 삼십 대 일 시작할 때 넝마주이 대장을 해서 욕하는 데는 선수급인데, 설교할 때 욕이 안 나오도록 많이 자제합니다. 우리끼리는 욕도 할 수 있지마는 요새는 유튜브 시대라 다 방송에 나가기 때문에 덕스럽지 않습니다.'

물론 상대방도 좋게 받아들였습니다만 우리가 입술로 하나님의 거룩함을 드러내는 것이 참 중요합니다.

이사야서 6장이 청년 이사야가 소명 받는 본문인데, 참 중요한 본문입니다. 내가 누구를 보낼까? 지금도 하나님께서 보내실 자를 찾습니다.

"여호와의 눈은 온 땅을 두루 감찰하사 전심으로 자기에게 향
하는 자들을 위하여 능력을 베푸시나니 이 일은 왕이 망령되
이 행하였은즉 이 후부터는 왕에게 전쟁이 있으리이다 하매"

역대하 16장 9절

감찰한다는 말은 샅샅이 뒤진다는 말입니다. 교회마다 마을마다 일
터마다 하나님이 샅샅이 뒤집니다. 하나님이 사람을 찾습니다. 학위
있는 사람, 말 잘하는 사람, 문벌 좋은 사람이 아니라 전심으로 여호와
를 향하는 마음을 가진 사람, 거룩함을 품고 거룩하신 하나님 앞에 자
기를 헌신할 사람을 찾으십니다. 전심으로 자기에게 향하는 자를 위하
여 능력을 베푸십니다.

"모세가 그의 장인 미디안 제사장 이드로의 양 떼를 치더니 그
떼를 광야 서쪽으로 인도하여 하나님의 산 호렙에 이르매 여
호와의 사자가 떨기나무 가운데로부터 나오는 불꽃 안에서 그
에게 나타나시니라 그가 보니 떨기나무에 불이 붙었으나 그
떨기나무가 사라지지 아니하는지라 이에 모세가 이르되 내가
돌이켜 가서 이 큰 광경을 보리라 떨기나무가 어찌하여 타지
아니하는고 하니 그 때에 여호와께서 그가 보려고 돌이켜 오
는 것을 보신지라 하나님이 떨기나무 가운데서 그를 불러 이르
시되 모세야 모세야 하시매 그가 이르되 내가 여기 있나이다
하나님이 이르시되 이리로 가까이 오지 말라 네가 선 곳은 거

록한 땅이니 네 발에서 신을 벗으라" 출애굽기 3장 1~5절

　하나님께서 모세를 부르시는 장면입니다. 시내산은 애굽인들이 부르는 이름입니다. '시나이'라는 말이 애굽의 여신 이름입니다. 그래서 이스라엘 사람들은 애굽의 여신 이름을 부르지 않으려고 호렙산이라고 이름을 고쳐서 부릅니다. 모세가 처가살이 사십 년 동안 양떼를 돌보다가 팔십 되었을 때 호렙산 쪽으로 양떼를 몰고 갔습니다.

　하나님이 이사야를 부를 때는 제단 숯불로 이사야의 입술을 정결케 했지만, 모세를 부르실 때는 호렙산 기슭에 떨기나무 불로 임하셨습니다. 떨기나무는 우리나라로 말하면 찔레 덩굴과 같습니다. 아카시아는 크게 자라지만 찔레 덩굴은 덤불이지요. 떨기나무에 불로 임했습니다. 떨기나무에 불로 임했는데 모세가 보니까 떨기나무 덤불에 불이 붙었는데 꺼지지 않아 이상하게 생각하고 가까이 다가갔더니 그때 떨기나무 불꽃 가운데 하나님이 임하셔서 말씀하십니다.

　5절 '하나님이 이르시되 이리로 가까이 오지 말라 네가 선 곳은 거룩한 땅이니 네 발에서 신을 벗으라'가 소중한 말씀입니다. 나는 모태신앙으로 어려서부터 출애굽기를 읽으면서 이 부분이 이해가 안 갔습니다. 실내도 아니고 산이고 자갈밭인데 왜 신발을 벗으라고 하셨을까?

　그런데 내가 세월이 지나면서 이해가 가더라고요. 우리 사람은 하나님 앞에서 바로 서지 못하고 자기 꿈을 이루어 보려고 이리 뛰고 저리 뛰고 동서남북으로 뛰어다닙니다. 뭔가 성공의 길을 찾아보려고 자기 야심을 이루려고 분주하게 다닙니다.

'모세야, 너는 신발 신고 어디로 그렇게 돌아다니냐? 네 생각, 네 꿈, 네 야심을 다 버리고 신발 벗어라. 맨발로 내 앞에 엎드려라.'

나는 그렇게 받아들입니다. 거기서 모세가 부름을 받았습니다.

> "이제 내가 너를 바로에게 보내어 너에게 내 백성 이스라엘 자손을 애굽에서 인도하여 내게 하리라" 출애굽기 3장 10절

'내 백성을 인도하라'가 출애굽기의 주제입니다. 이스라엘 민족은 이 떨기나무에 붙은 불꽃을 민족적인 상징으로 사용합니다. 다윗의 별이 이스라엘 국기인데 자기 민족의 특성을 나타낼 때 떨기나무에 붙은 불, 찔레 덩굴 같은데 불길이 임해서 타오르는 것을 자기 민족의 상징으로 지금도 사용하고 있습니다.

떨기나무에 불꽃이 임했다는 것은 우리에게 큰 교훈으로 다가옵니다. 두 가지 의미가 있습니다.

첫째는 나무 중에 제일 나무 같지도 않은 나무가 떨기나무입니다. 이스라엘 사람들이 어떻게 받아들이느냐 하면 하나님께서 오동나무, 백향나무 같은 좋은 나무를 놓아두고 제일 못난 떨기나무에 임하셨듯이 지구상에 많은 민족이 있는데 다 제하시고 시원찮은 이스라엘에게 하나님이 임하셨다. 시원찮은 나무 같은 이스라엘을 선택하셔서 하나님의 뜻을 드러내신다. 그렇게 받아들인 겁니다.

두 번째는 딸기나무는 가시가 듬성듬성 나서 쓸모가 없습니다. 가시는 고난을 상징합니다. 하나님께서 이스라엘 백성을 부르시고 사용하실 때, 순탄한 환경에서 사용하시는 것이 아니라 고난의 역사 속에서 하나님을 계시하시고 하나님의 뜻을 나타내셨다고 받아들였습니다. 우리나라 사람들도 참 깊이 새겨야 할 의미입니다.

성경에서 하나님이 이런 드라마틱한 장면으로 부르는 경우가 특별히 세 사람입니다. 호렙산 딸기나무의 불꽃 가운데서 부르신 모세, 제단 숯불로 입술을 정결케 하면서 부르신 이사야, 신약에 가서 다메섹으로 가는 길 위에서 사울을 부르셔서 사울이 바울로 바뀌게 하신 부르심, 특별한 장면들입니다.

우리가 하나님 앞에서 입술을 정결케 하고 거룩한 삶을 살아가면서 하나님이 나에게 맡기신 사명, 미션은 무엇일까? 무엇을 위하여 살아야 하나님이 기뻐하실까? 그것을 되새기는 우리가 될 수 있어야 합니다. 우리가 언젠가 하나님 앞에 서게 되면 하나님이 물으시는 질문이 두 가지라고 합니다.

첫째는 그대는 지상에서 사람을 얼마나 사랑했느냐?
둘째는 그대는 지상에 있을 동안 맡은 사명을 얼마나 감당했느냐?

하나님이 사람을 한 명, 한 명, 땅에 보내실 때 각자에게 주어진 미션, 사명이 있습니다. 그 사명을 내가 얼마만큼 감당했는지 돌아보아야 합니다.

거룩한 성전에서, 거룩하신 하나님 앞에서 '내가 누구를 보낼까?' 물으실 때 '내가 여기 있나이다' 응답한 이사야처럼 우리도 응답해야 합니다.

하나님이 무엇을 위해서 나를 부르셨을까?

무엇을 위해서 내 인생을 불태우다가 갈까?

무엇을 위해서 내 남은 삶을 통째로 바칠까?

깊은 기도 중에 말씀 중에 그걸 깨달아서 헌신할 수 있게 되기를 바랍니다.

"여호와께서 사람들을 멀리 옮기셔서 이 땅 가운데에 황폐한 곳이 많을 때까지니라 그 중에 십분의 일이 아직 남아 있을지라도 이것도 황폐하게 될 것이나 밤나무와 상수리나무가 베임을 당하여도 그 그루터기는 남아 있는 것 같이 거룩한 씨가 이 땅의 그루터기니라 하시더라" 이사야 6장 12~13절

이스라엘 온 나라가 부패하고 하나님 앞에서 몹쓸 짓을 하니까 그 중에 뽑아서 옮깁니다. 멀리 옮깁니다. 그래서 부패에 물들지 않은 사람, 그것이 앗시리아 포로, 바벨론 포로입니다. 두레마을 뒷산 둘레길을 돌다 보면 오동나무를 벤 자리가 있는데 그 그루터기에서 새로 싹이 올라옵니다. 내가 그 나무를 볼 때마다 이 말씀이 생각납니다.

상수리나무, 밤나무 다 베어도 뿌리는 살아 있어서 그루터기는 남아 있습니다. 그루터기에서 새로운 씨, 거룩한 씨가 솟아나서 새로운 시대, 하나님이 기뻐하시는 역사를 만들어 갈 것이라는 말씀입니다. 그래서 앗시리아에게 북이스라엘 나무가 베어지고 바벨론에게 남유다가 베어져 멀리 떨어져 포로 생활하며 하나님만 의지하게 합니다. 그 사람들이 되돌아와서 새로운 역사를 만듭니다.

> "그 날에 이스라엘의 남은 자와 야곱 족속의 피난한 자들이 다
> 시는 자기를 친 자를 의지하지 아니하고 이스라엘의 거룩하신
> 이 여호와를 진실하게 의지하리니 남은 자 곧 야곱의 남은 자
> 가 능하신 하나님께로 돌아올 것이라" 이사야 10장 20~21절

'그날에_미래에 닥칠 어느 날' 이스라엘의 남은 자와 야곱의 남은 자들이 다시는 자기를 멸망시킨 앗시리아나 바벨론을 의지하지 아니하고 포로로 끌려간 거기서 하나님을 의지하는 법을 배웁니다.

5장에서 거듭거듭 '화 있을진저'를 여섯 번이나 되풀이했다가 6장에서 베어져 멀리 옮겨 하나님을 의지하게 된 그 사람들이 어떤 사람들이 되느냐? 10장 21절입니다. 바로 '남은 자' 곧 역사에 남은 자입니다. 이스라엘이 너무 부패했으니까 그 땅에 남겨놓지 않고 뽑아서 멀리 옮겨, 바벨론 땅으로 옮겨서 거기서 하나님 의지하는 법을 배워 칠십 년 만에 다시 돌아오게 한 자들입니다.

이것이 하나님의 구원 역사의 큰 흐름입니다. 바벨론에 포로로 끌려가서 하나님을 의지하는 것을 배운 사람들이 돌아오는데 그 사람들이

사만 구천 명입니다. 부패하고 술에 취하고 거짓말하고, 계속 투기만 하고 저만 잘살려 하던 사람들은 참나무, 오동나무가 다 베어지듯이 다 베어지고 포로에서 돌아온 사람들이 남은 자가 되어서 거룩한 씨가 됩니다.

구약 성경에서 거룩한 씨, 씨라는 말은 항상 단수입니다. 오실 메시아, 예수 그리스도, 이 거룩한 씨를 통하여 하나님의 백성들이 퍼져나 갑니다. 그걸 구원 역사라고 합니다.

> "이스라엘이여 네 백성이 바다의 모래 같을지라도 남은 자만 돌아오리니 넘치는 공의로 파멸이 작정되었음이라 이미 작정 된 파멸을 주 만군의 여호와께서 온 세계 중에 끝까지 행하시 리라" 이사야 10장 22~23절

너무 부패하고 우상 앞에 절하고 가난한 자를 착취하고 썩을 대로 썩었으니까, 하나님께서 작정했습니다.

'안 되겠다. 이 백성을 확실한 채찍으로 쳐서 그중에 썩지 않은 사람 들을 옮겨서 거기서 하나님만 의지하게 해서 이 땅에 돌아와서 거룩한 씨, 하나님의 역사를 새로 시작하게 하겠다.'

이것이 바벨론 포로에 대한 하나님의 계획입니다. 그래서 그때나 지 금이나 하나님의 자녀들은 성경을 읽으면서 하나님 앞에 불순종하고 부정부패하고 거짓을 일삼는 자들에게 '화 있을진저, 화 있을진저' 하 시는 하나님의 말씀을 들을 수 있어야 합니다.

예레미야서에 가면 사과 광주리 비유가 있습니다.

'사과 두 광주리가 있는데 한 광주리는 썩은 사과이고 한 광주리는 깨끗한 사과다. 이걸 섞으면 다 같이 썩는다. 그래서 썩은 사과는 파멸하게 두고 깨끗한 사과는 옮긴다.'

옮기는 곳이 바벨론 포로입니다. 그래서 거룩한 씨가 되어서 되돌아와서 하나님의 구원 역사를 이루어 나간다. 그렇게 얘기합니다. 이사야 10장 2~3절에도 이사야가 피를 토하는 마음으로 다가올 재난의 때를 외칩니다.

> "가난한 자를 불공평하게 판결하여 가난한 내 백성의 권리를 박탈하며 과부에게 토색하고 고아의 것을 약탈하는 자는 화 있을진저 벌하시는 날과 멀리서 오는 환난 때에 너희가 어떻게 하려느냐 누구에게로 도망하여 도움을 구하겠으며 너희의 영화를 어느 곳에 두려느냐" 이사야 10장 2~3절

다시 10장 20절을 보면 '그 날에 이스라엘의 남은 자'라고 하십니다. '남은 자_Remnant'라는 말에 줄을 칩시다. 성경 전체를 관통하는 중요한 영적 개념입니다. 아무리 세상이 부패하고 하나님을 등지고 그래도 하나님은 그 속에 남은 자를 두십니다. 그 남은 자를 통해서 새로운 시대를 만드십니다. 구원의 역사를 이루십니다.

다시 10절입니다.

'야곱 족속의 피한 자들이 다시 자기를 친 자를 의지하지 아니하고

이스라엘의 거룩하신 여호와를 진실하게 의지하리니.'

우리 믿는 사람들은 큰일 하려는 것 보다, 사업을 크게 해서 부자 되려는 것 보다, 유명해지려는 것 보다, 하나님 앞에 정직한 자가 되고, 남은 자가 되고, 하나님 보시기에 합당한 자가 되어서 거룩한 씨앗이 될 수 있어야 합니다.

하나님은 일 잘하는 사람을 찾는 것이 아니라 '누가 전심으로 하나님을 의지하느냐? 누가 전심전력으로 하나님 중심으로 사느냐?'를 보십니다. 그 사람들이 남은 자고 거룩한 씨고 새로운 싹을 틔우는 그루터기입니다.

이사야 10장 21절에서 다시 말씀하십니다.

'남은 자 곧 야곱의 남은 자가 능하신 하나님께로 돌아올 것이라.'

남은 자들이 돌아와서 구원의 역사를 이어갑니다. 내가 팔십이 넘어서 요즘 반성하는 것이, 서른 살에 시작했는데 하나님이 원하시는 것보다 더 열심히 했어요. 사방에 두레마을을 세우고, 밤낮으로 뛰어다니고, 지금 생각하면 주제 파악을 못 했다고 생각합니다. 하나님이 기뻐하는 사람은 그런 사람이 아닙니다. 일을 많이 하고 프로젝트 많이 하는 그런 사람이 아니라 정직한 영혼, 하나님만 의지하는 그런 진실한 영혼을 찾으십니다.

그 사람들이 거룩한 씨가 되어, 그루터기에서 새로 돋아나는 새로운 싹이 되어 하나님의 일을 이루어 갑니다. 이제 세월 다 가버리고 철이 드니까 내가 할 수 없다고 깨달았습니다. 하지만 지난날은 그렇게 허송세월 많이 했다 치고 앞으로 잘해야지, 안 그렇습니까? 이제 알았는데 빨리 죽어버리면 안 되잖아요. 그래서 계속 산에 다닙니다. 건강해서 구회 말에 안타를 치든, 홈런을 치든 거룩한 씨가 되어야 안 되겠습니까?

생각해 보면 심각합니다. 대충 대충 인생을 살면 안 됩니다. 맑은 마음으로 기도하고 하나님 앞에 정직한 영혼이 되도록 서원하고 땀 흘려 일하고 하나님의 몸 된 성전을 잘 절제하고 관리해서 하나님의 쓰임 받는 거룩한 씨가 되어야 합니다.

사도바울도 이 시대에도 '남은 자'가 있다. 구약에만 남은 자가 있는 것이 아니다. 이 시대도 남은 자가 있어서 그 '남은 자'를 통해서 하나님의 역사를 이어 간다고 말씀합니다.

> 하나님이 그 미리 아신 자기 백성을 버리지 아니하셨나니 너희가 성경이 엘리야를 가리켜 말한 것을 알지 못하느냐 그가 이스라엘을 하나님께 고발하되 주여 그들이 주의 선지자들을 죽였으며 주의 제단들을 헐어 버렸고 나만 남았는데 내 목숨도 찾나이다 하니 그에게 하신 대답이 무엇이냐 내가 나를 위하여 바알에게 무릎을 꿇지 아니한 사람 칠천 명을 남겨 두었다 하셨으니 그런즉 이와 같이 지금도 은혜로 택하심을 따라 남은 자가 있느니라 로마서 11장 2~5절

열왕기상 19장에서 엘리야가 호렙산 굴속에서 목숨 걸고 기도할 때, 하나님께서 엘리야에게 하신 말씀입니다.

특별히 5절 '그런즉 이와 같이 지금도 은혜로 택하심을 따라 남은 자
가 있느니라'라는 말씀에 주목하여 보시기 바랍니다.

> '지금도 내가 준비해 놓은 남은 자가 어느 교회, 어느 마을,
> 어느 골짜기에 있다. 다 변질되고 다 부패하고 다 세상으로
> 나간 것 같지만 아니다.'

5절 말씀이 오늘 우리 한국 교회에, 개인에게 주시는 하나님의 말씀
이고, 도전이고 사명입니다. 새로운 시대, 새로운 역사, 새로운 미래,
새로운 영적 부흥의 시대를 위하여 하나님이 불씨처럼 간직하고 있는
남은 자가 있습니다.

'내가 남겨놓은 자 칠천 명이 엘리야 시대에도 있었지 않느냐?'

지금도 하나님의 남은 자가 있습니다. 그 남은 자들이 역사의 그루
터기에서 나오는 새싹이고, 남은 자들이 거룩한 씨고, 남은 자들이 하
나님이 쓰시는 도구가 되어서 하나님의 역사, 구원 역사를 이루어 나
갑니다. 이 말씀을 "아멘"으로 받을 수 있게 되기를 바랍니다.

chapter

08

임마누엘
이사야 7~11장

"그러므로 주께서 친히 징조를 너희에게 주실 것이라 보라 처녀가 잉태하여 아들을 낳을 것이요 그의 이름을 임마누엘이라 하리라" 이사야서 7장 14절

이사야서를 '구약의 복음서'라고 부른다고 말씀드렸습니다. 구약 속에서 예수 그리스도의 오심을 예언하고 증거하고, 구약 속에서 예수님을 먼저 선포했기 때문에 구약의 복음서라고 일컫게 됩니다. 예수님이 태어나시기 전, 이미 700여 년 전에 예언하신 말씀입니다. 7장 14절이 오실 예수님을 가장 확실하게 선포한 구절입니다.

메시아의 징조, 징조라는 말은 사인입니다. 자동차를 운전해 가다가 건널목에서 빨간등이 들어오면 자동차를 세웁니다. 파란등이 들어오면 다시 가게 됩니다. 그 사인이 징조입니다.

'처녀가 잉태하여 아이를 낳게 될 것이다. 남자를 거치지 않고 처녀
가 남자 없이 잉태하여 아들을 낳게 된다.'

왜 오신다고 하십니까?

'그 아들은 영원히 백성들과 같이 있게 되는 임마누엘 하나님이다.'
오실 메시아에 대해 예언하는 구절이 14절입니다. 그리고 이사야서 7장
14절 말씀이 이루어진 내용이 마태복음에 있습니다.

> "이 모든 일이 된 것은 주께서 선지자로 하신 말씀을 이루려
> 하심이니 이르시되 보라 처녀가 잉태하여 아들을 낳을 것이요
> 그의 이름은 임마누엘이라 하리라 하셨으니 이를 번역한즉 하
> 나님이 우리와 함께 계시다 함이라" 마태복음 1장 22~23절

선지자 이사야를 통하여 이른 말씀이 성취되는 것입니다. 이사야 7
장 14절을 그대로 인용한 후에 '임마누엘이라 하셨으니 이를 번역한즉
하나님이 우리와 함께 계시다'라고 이 땅에 오신 하나님, 우리와 늘 함
께하시는 하나님, 예수 그리스도를 일컫습니다.

내가 40대에 샌프란시스코 신학대학에 유학하러 갔습니다. 신학교
에 도착해서 짐을 풀고 밖에 나가서 마을을 구경하는데 그 마을이 얼
마나 아름다운지 감탄했습니다. 시골에서 농사짓다가 가서 보니 눈이
부시게 아름다웠습니다. 미국에서 살기 좋은 마을 5등 안에는 들어간
다는 마을입니다. 그런데 2달쯤 살다 보니 그 좋은 마을이 미국에서
자살률이 3등쯤 된다고 하여 놀랐습니다.

마을 사람에게 물어보니 인생이 지루해서 자살한다고 합니다. 모든 것을 가지고 살다 보니 인생이 허무해진 것입니다.

신학교에서 나에게 설교하라고 해서 영어는 잘 못하지만, 알아서 들으라는 배짱을 가지고 설교했습니다. 이렇게 아름다운 마을에 살면서 자살률 3등이 말이 되느냐? 내가 목회하던 시골에서는 송아지 한 마리에 한 가정의 운명을 건다. 송아지가 아프면 내가 가서 안수기도 한다. 하나님께 간절히 기도한다. 그러다가 송아지가 나으면 온가족이 기뻐하며 하나님 앞에 나와서 감사한다. 여기 농장에 젖소 7,000마리가 있는데 그집 아들이 자살했다고 하니 말이 안 된다고 설교하자 교인들이 눈물을 흘렸습니다.

그때 신학교에서 수업 중에 교수님이 이 구절을 해석하면서 처녀가 잉태하는 것은 상식에 맞지 않으니, 여자로 해석해도 되지 않겠느냐고 강의해서 제가 또 가만히 있을 수가 없어서 따졌습니다. 아니 성경에 처녀라고 했으면 처녀로 믿으면 되지 굳이 그것을 여자로 해도 된다는 것은 문제가 있다고 했더니 교수님이 나에게 너무 보수적이라 성경을 문자 그대로 믿는다고 해서 논쟁이 있었습니다. 성경에 메시아 그리스도가 처녀 몸에서 나셨다고 했으니 믿으면 됩니다. 임마누엘 하나님을 의심하지 말고 믿으면 됩니다.

기독교 신앙에 매우 중요한 네 기둥이 있습니다.

첫째는 하나님이 우주 만물과 사람을 창조하셨다고 믿는 창조신앙입니다.

둘째는 우리와 영원히 함께 계시기 위해 메시아로 오셨다는
임마누엘 신앙입니다.
셋째는 십자가 신앙입니다.
넷째는 부활 신앙입니다.

임마누엘 신앙은 우리가 신앙생활 하는데 매우 중요한 믿음입니다.

"이는 한 아기가 우리에게 났고 한 아들을 우리에게 주신 바
되었는데 그의 어깨에는 정사를 메었고 그의 이름은 기묘자
라, 모사라, 전능하신 하나님이라, 영존하시는 아버지라, 평강
의 왕이라 할 것임이라" 이사야 9장 6절

메시아에 대한 말씀이 또 나옵니다. 이런 말씀은 외워서 암송해야
합니다. 예수님께서 어느 날 갑자기 오신 것이 아니라 창세기에서부터
출애굽기, 신명기, 이사야서, 예레미야서에서 계속해서 선지자들이 선
포한 예언이 성취된 것입니다.
특별히 우리가 이사야서에서 메시아, 그리스도를 어떻게 만날 수 있
느냐가 바른 신앙을 갖는데 매우 중요합니다. 그런 점에서 예수님 탄
생에 대해 예언한 이사야서 7장 14절이 대단히 중요한 예언이지요. 그
메시아가 어디서 태어나느냐? 어떤 가문에서 태어나느냐? 미가서 5장
2절, 이사야 11장 1절입니다.

> "베들레헴 에브라다야 너는 유다 족속 중에 작을지라도 이스
> 라엘을 다스릴 자가 네게서 내게로 나올 것이라 그의 근본은
> 상고에, 영원에 있느니라" 미가 5장 2절

 영원 전부터 계시던 하나님, 태초 중에 태초, 상고부터 계시던 하나님이 그리스도로 이땅에 오시는데 어느 곳에서 나느냐? 베들레헴 에브라다입니다. 에브라다는 베들레헴에 붙은 동두천 쇠목골, 이런 식이지요. 베들레헴 에브라다에서 태어나신다고 이미 구약에서 예언하셨습니다.

> **이새의 줄기에서 한 싹이 나며 그 뿌리에서 한 가지가 나서 결**
> **실할 것이요** 이사야서 11장 1절

 이사야 11장이 바로 이 구절로 시작합니다. 이사야서가 상상력과 영감이 넘치는 책인데 그중에서도 11장이 영적 상상력의 엑기스입니다. 다윗 왕의 아버지가 이새지요. '이새의 줄기에서'라는 말은 다윗 왕의 왕가 혈통, 다윗 왕가를 말합니다.
 '이새의 줄기에서 한 싹이 나며' 싹이라는 말에 표를 합시다. 싹이라는 말의 영적 의미가 깊습니다. 이새의 왕가, 왕통에서 싹이 난다. 영적으로는 오실 메시아를 일컫는 상징적인 단어입니다.
 하나님의 뜻이 이루어지는 데에 4가지 단계가 있습니다. 하나님의 나라가 도래하고 선지자 이사야가 보는 그 비전이 성취되는 데에 과정

이 있습니다.

> 첫째는 싹이 납니다.
> 둘째는 뿌리가 내립니다.
> 셋째로 가지가 뻗어 오릅니다.
> 넷째는 결실, 곧 열매를 맺습니다.

우리는 한꺼번에 이루려니까 조급해집니다. 싹에서 열매를 맺으려니까 어려움이 옵니다. 지금도 하나님의 역사는 마찬가지입니다. 교회도 처음에 조그마하게 시작해서 땅속으로 뿌리내리는 시간을 인내로 견디고 그 위로 가지 뻗고 드디어 열매 맺어서 하나님의 영광을 돌리게 됩니다.

'겨자씨가 떨어져서 싹이 트고 뿌리내리고 가지 뻗고 열매 맺는다. 어느 날 큰 나무가 되어서 새들이 깃들고 나그네가 그 안식을 취한다.'

하나님의 나라, 하나님의 뜻이 한 걸음, 한 걸음 싹이 트고, 뿌리내리고, 가지 뻗고, 열매 맺는, 그 전체를 하나님이 이루시는 모습을 이사야 선지가 이야기하고 있습니다. 그리고 이제 오실 메시아를 예언합니다.

> "그의 위에 여호와의 영 곧 지혜와 총명의 영이요 모략과 재능의 영이요 지식과 여호와를 경외하는 영이 강림하시리니"
>
> 이사야 11장 2절

예수님에 대한 예언입니다. 그래서 10절에 다시 나옵니다.

> "그 날에 이새의 뿌리에서 한 싹이 나서 만민의 기치로 설 것
> 이요 열방이 그에게로 돌아오리니 그가 거한 곳이 영화로우
> 리라"

'그날에_언젠가 하나님의 뜻이 이루어지는 그날' 이새의 뿌리에서 한 싹이 나온다고 하십니다. '싹' 얘기가 나오지요. 장차 오실 메시아, 그리스도가 싹으로 시작됩니다.

'싹이 나서 만민의 기치로 설 것이요'

기치는 깃발입니다. 온 나라 사람들이 "야~저기다" 하고 만민이 바라볼 깃발입니다.

이사야 11장

¹이새의 줄기에서 한 싹이 나며 그 뿌리에서 한 가지가 나서 결실할 것이요 ²그의 위에 여호와의 영 곧 지혜와 총명의 영이요 모략과 재능의 영이요 지식과 여호와를 경외하는 영이 강림하시리니 ³그가 여호와를 경외함으로 즐거움을 삼을 것이며 그의 눈에 보이는 대로 심판하지 아니하며 그의 귀에 들리는 대로 판단하지 아니하며 ⁴공의로 가난한 자를 심판하며 정직으로 세상의 겸손한 자를 판단할 것이며 그의 입의 막대기로 세상을 치며 그의 입술의 기운으로 악인을 죽일 것이며 ⁵공의로 그의 허리띠를 삼으며 성실로 그의 몸의 띠를 삼으리라 ⁶그 때에 이리가 어린 양과 함께 살며 표범이 어린 염소와 함께 누우며 송아지와 어린 사자와 살진 짐승이 함께 있어 어린 아이에게 끌리며 ⁷암소와 곰이 함께 먹으며 그것들의 새끼가 함

께 엎드리며 사자가 소처럼 풀을 먹을 것이며 ⁸젖 먹는 아이가
독사의 구멍에서 장난하며 젖 뗀 어린 아이가 독사의 굴에 손
을 넣을 것이라 ⁹내 거룩한 산 모든 곳에서 해 됨도 없고 상함
도 없을 것이니 이는 물이 바다를 덮음 같이 여호와를 아는 지
식이 세상에 충만할 것임이니라 ¹⁰그 날에 이새의 뿌리에서 한
싹이 나서 만민의 기치로 설 것이요 열방이 그에게로 돌아오
리니 그가 거한 곳이 영화로우리라 ¹¹그 날에 주께서 다시 그
의 손을 펴사 그의 남은 백성을 앗수르와 애굽과 바드로스와
구스와 엘람과 시날과 하맛과 바다 섬들에서 돌아오게 하실
것이라 ¹²여호와께서 열방을 향하여 기치를 세우시고 이스라
엘의 쫓긴 자들을 모으시며 땅 사방에서 유다의 흩어진 자들
을 모으시리니 ¹³에브라임의 질투는 없어지고 유다를 괴롭게
하던 자들은 끊어지며 에브라임은 유다를 질투하지 아니하며
유다는 에브라임을 괴롭게 하지 아니할 것이요 ¹⁴그들이 서쪽
으로 블레셋 사람들의 어깨에 날아 앉고 함께 동방 백성을 노
략하며 에돔과 모압에 손을 대며 암몬 자손을 자기에게 복종
시키리라 ¹⁵여호와께서 애굽 해만을 말리시고 그의 손을 유브

라데 하수 위에 흔들어 뜨거운 바람을 일으켜 그 하수를 쳐 일
곱 갈래로 나누어 신을 신고 건너가게 하실 것이라 [16]그의 남
아 있는 백성 곧 앗수르에서 남은 자들을 위하여 큰 길이 있게
하시되 이스라엘이 애굽 땅에서 나오던 날과 같게 하시리라

chapter

09

메시아
이사야 11장

"이새의 줄기에서 한 싹이 나며 그 뿌리에서 한 가지가 나서
결실할 것이요" 이사야 11장 1절

이사야는 계속해서 메시아에 대해 말씀하십니다. 11장 말씀은 오실
메시아, 예수 그리스도를 예언하는 아주 중요한 부분이라 다시 살펴봅
니다.

'이새의 줄기에서' 이새는 다윗왕의 아버지입니다. '이새의 줄기'라
는 말은 '다윗 왕가의 정통성, 다윗 왕가의 후손 중에서'라는 뜻입니
다. 다윗 왕가에서 오실, 다윗 왕가, 왕통의 줄기에서 '싹'이 난다. 그
'싹'이 예수 그리스도, 메시아를 상징하는 말입니다.

구약 성경에 싹이라는 말이 나오면 '씨'라는 말과 같은 말인데 단수
입니다. '싹들'이 아니고 '싹', 메시아는 한 분이시니까 단수로 나옵니

다. 다윗 왕가 후손 중에 메시아가 나서서 하나님이 통치하시는 하나님의 나라를 이루어 가는데 하나님의 나라가 이루어져 가는 과정, 그 프로세스를 아주 깊이 있게 표현합니다.

유대인들의 비극이 무엇인가 하면 수천 년, 수백 년 동안 메시아를 기다리면서도 메시아에 대해서 오해했습니다. 모세와 다윗을 합친 위대한 메시아, 백만 대군을 거느리는 장군 중의 장군으로 오셔서 온 세계를 정복하여 이스라엘이 세계를 다스리는 왕 중의 왕으로 오실 것으로 오해했습니다.

그러나 성경은 이사야서에서, 예레미야서에서, 모세 오경에서 누누이 강조하기를, 아니다 백만 대군을 거느리는 장군으로 오는 것이 아니라 싹으로, 어린 아기로 오신다고 말씀하셨습니다. 이사야 7장 14절에 처녀가 아기를 낳을 것인데 그 아기가 하나님의 나라가 이루어지는 징조, 사인이라고 메시아의 탄생을 예언하고 있습니다. 개념이 틀린 겁니다. 유대인들이 이사야서를 늘 읽으면서도 눈이 가려져서 장군 중의 장군, 왕 중의 왕으로 오실 메시아를 기대한 것입니다.

이새의 줄기에서 싹이 납니다. '싹'으로 태어나서 뿌리 내리고 가지 뻗어서 결실하는데, 유대인들은 왕 중의 왕이 딱! 등장할 것으로 오해한 겁니다. 신명기에서 모세가 마지막으로 설교하면서 메시아, 나와 같은 선지자가 올 것이라고 미리 예언합니다. 성경을 그렇게 긴 안목에서 전체로 볼 수 있어야 은혜가 깊어집니다.

"네 하나님 여호와께서 너희 가운데 네 형제 중에서 너를 위하

여 나와 같은 선지자 하나를 일으키시리니 너희는 그의 말을
들을지니라" 신명기 18장 15절

'나와 같은 선지자' 모세의 말입니다. 모세가 숨 거두기 한 달 전, 세
편의 설교를 남겼습니다. 신명기는 전체가 모세의 설교집입니다. 세
번의 설교 중에서 두 번째 설교가 신명기 18장인데, 그때 오실 메시아
를 예언한 겁니다.

모세가 '나와 같은 선지자 하나를 일으키시리니 너희는 그의 말을
들을지어다'라고 한 것은 언젠가 온 이스라엘이 그 말을 듣고 순종해
야 할 선지자, 메시아가 오신다는 예언입니다. 사도행전에서는 이 본
문을 인용하면서 바로 예수 그리스도 그분이라고 확실하게 말씀하고
있습니다.

"모세가 말하되 주 하나님이 너희를 위하여 너희 형제 가운데
서 나 같은 선지자 하나를 세울 것이니 너희가 무엇이든지 그
의 모든 말을 들을 것이라" 사도행전 3장 22절

똑같은 말씀이지요? '모세가 말하되' 모세가 어디서 말했습니까? 신
명기 18장 15절에서 말씀했습니다. 사도행전에서 신명기 18장 15절,
모세의 말을 인용하면서 모세가 말한 나와 같은 선지자가 바로 부활하
신 예수 그리스도라고 베드로가 설교하고 있습니다.

> "누구든지 그 선지자의 말을 듣지 아니하는 자는 백성 중에서
> 멸망 받으리라 하였고" 사도행전 3장 23절

이것이 정해진 하나님의 뜻입니다. 모세와 같은 선지자, 이새의 줄기에서 나오는 싹, 그리스도에게 순종하는 사람은 구원과 축복을 받을 것이요. 믿지 않고 순종하지 않는 사람은 이미 저주 아래, 심판 아래 있다. 믿지 않는 그 자체가 이미 심판 아래 있다는 말씀입니다.

다시 이사야 11장 본문입니다. 이사야서가 영감과 상상력이 넘치는 책인데, 그중에서도 11장이 영감의 엑기스입니다. 이사야 11장은 깊은 영적 묵상 기도 속에서, 영혼 속에서 우러나오는 글로써 표현됩니다.

11장 1절 '이새의 줄기에서 한 싹이 나며' 그 싹에 대해서 이해하셨습니까?

'오실 메시아, 그리스도가 싹이다.'

그때 유대인들은 하나님의 나라를 새가 깃들이고 나그네가 안식을 누리는 큰 나무로 생각했는데 예수님은 완전히 발상이 다릅니다. 예를 들어서 마태복음 13장을 '천국 비유장'이라고 합니다. 마태복음 13장은 심오합니다. 일곱 가지 비유로 천국, 하나님의 나라를 설명합니다.

> "또 비유를 들어 이르시되 천국은 마치 사람이 자기 밭에 갖다
> 심은 겨자씨 한 알 같으니 이는 모든 씨보다 작은 것이로되 자

란 후에는 풀보다 커서 나무가 되매 공중의 새들이 와서 그 가
지에 깃들이느니라" 마태복음 13장 31~32절

　내가 미국에 가서 이명완 목사님의 안내로 요세미티 공원에 가봤는
데, 이천 몇 백 년 된 나무가 있더라고요. 남자 여섯 명이 이렇게 돌려
서 안을 수 있는 엄청나게 큰 나무가 있는데 그 나무 중간이 갈라져서
그 사이로 자동차가 왔다 갔다 할 수 있는 큰 나무입니다. 유대인들은
하나님의 나라를 그렇게 비유했습니다.

　그런데 예수님은 아니다 싹으로 난다. 조그마한 싹이다. 어떤 싹이
냐? 겨자씨라고 하십니다. 겨자씨를 우리는 잘 모르지요. 딱 닮은 것
이 담배씨입니다. 담배씨는 손바닥에 놓고 훅 불면 날아가 버려요. 하
기야 담배씨를 못 본 사람들은 설명해도 잘 모르겠지만 시골에서 자라
면서 담배 심는 걸 봤는데 씨앗 중에 바람 불면 휙 날아가는 것이 담배
씨입니다.

　그것이 자라서 큰 나무를 이룬다. 예수님의 천국 비유는 유대인들의
생각하고는 발상이 다릅니다. 접근이 다른 겁니다. 겨자씨 한 알 같은
싹으로 시작해서 그 싹이 터서 뿌리내리고 위로 가지를 뻗는다. 거기
서 열매를 맺는다. 그것이 하나님의 천국이라고 합니다.

　그러니까 우리가 하나님의 일, 선교 일을 하는데 처음부터 거창하게
생각하지 말고 겨자씨 한 알 키우듯이, 예수님이 어린싹으로 왔듯이,
그렇게 소리 없이 땅 밑에서부터 싹이 터서 자라는, 조용하면서도 깊
이 있는 생명 역사로 하나님의 일을 생각해야 합니다.

우리는 처음부터 너무 크게 생각하는 경우가 많이 있습니다. 처음부터 너무 거창하게 생각하니까 중간에 붕 떠 버리게 됩니다.

마태복음 13장, 천국 비유장의 겨자씨 비유 이해하면서 이사야서 11장 1절로 되돌아옵니다.

'이새의 줄기에서 한 싹이 나며 그 싹이 예수님이다.'

이해하셨지요? 그 뿌리에서 '싹'이 터서 뿌리내린다. 다이아몬드를 땅속에 묻어 놓으면 백 년 가도 싹이 납니까? 겨자씨는 볼품없지만 생명이기 때문에 '싹'이 납니다. 그래서 생명 되신 예수님을 바로 알지 못하는 교회는 자꾸 시들어 갑니다. 생명이신 예수님에 대한 증거, 고백, 체험이 없으니까 사람 소리만 나고 부딪히고 찌그덕, 삐그덕하고 사람 냄새나는 것입니다.

그러나 미약한 겨자씨지만 생명이 있으니까 '싹'이 트고 뿌리 내리고 세 번째 가지 뻗고 마지막 단계에 열매 맺는 거지요. 하나님의 일, 하나님 나라의 일, 천국의 일은 그렇게 과정이 중요합니다.

하나님의 영
이사야 11장

> "그의 위에 여호와의 영 곧 지혜와 총명의 영이요 모략과 재
> 능의 영이요 지식과 여호와를 경외하는 영이 강림하시리니"

이사야 11장 2절

2절 말씀이 오실 메시아는 어떤 분이냐를 설명합니다. 이런 말씀 읽을 때는 용어 하나하나에 대한 정확한 의미를 분명히 깨달아야 합니다. 구원, 은혜, 속죄 같은 말에 대한 개념이 성경적으로, 영적으로 딱 정리가 되어야 합니다. 그런데 우리가 신앙생활 하면서 그 의미를 애매하게 느끼고 아멘, 아멘 하고는 집에 가서 생각하면 뭘 아멘 했는가? 그렇게 되기 쉽습니다.

2절을 왜 강조하느냐 하면 성령, 여호와의 영은 지혜와 총명의 영이라고 하셨는데 지혜와 총명이 같은 말인 듯한데 다릅니다. 지혜는 하나님의 뜻을 분별하는 영적 분별이 지혜요. 총명은 세상 적인 판단력, 세상 적인 통찰력_洞察力 Insight을 말합니다.

성령 받지 않은 사람이 생각하지 못하는 관점, 통찰력이 있는 거지요. 하나님의 뜻을 잘 분별하는 지혜, 세상적인 판단을 바르게 하는 총명, 슬기로움, '지혜와 총명의 영이요' 합쳐서 성령 충만입니다.

그럼 '모략과 재능의 영이요'에서 모략과 재능은 무슨 차이가 있느냐 하면 재능은 개인이 가진 재능이요, 여러 사람이 합심 기도해서 얻어지는 결론이 모략입니다. 의미가 다릅니다. 여러 사람이 합심 기도하고 토론해서 같이 짜내는 지혜가 모략이요, 재능은 개인 개인의 재능입니다.

'지식과 여호와를 경외하는 영이 강림하시리니'라는 말은 잠언 1장에 '여호와를 아는 것이 모든 지식의 근본이다'라고 말씀하신 여호와를 아는 지식, 그 지식을 의미합니다. 수학, 과학 지식이 아니고 여호와를 아는 지식, 그 성령, 하나님의 영을 오실 메시아가 다 갖추셨다는 말씀입니다. 지혜를 갖추시고 총명을 갖추시고 모략과 재능과 지식을 갖춘 영이시라는 말씀입니다.

"그가 여호와를 경외함으로 즐거움을 삼을 것이며 그의 눈에 보이는 대로 심판하지 아니하며 그의 귀에 들리는 대로 판단하지 아니하며 공의로 가난한 자를 심판하며 정직으로 세상의 겸손한 자를 판단할 것이며 그의 입의 막대기로 세상을 치며 그의 입술의 기운으로 악인을 죽일 것이며 공의로 그의 허리

띠를 삼으며 성실로 그의 몸의 띠를 삼으리라" 이사야 11장 3~5절

5절이 결론입니다. '싹'으로 오실 메시아가 '공의로_하나님의 의' 이루신다. 그래서 '싹'에서 뿌리 내리고 줄기 뻗고 열매 맺는 그리스도의 때가 완성되면 어떤 세상이 되느냐? 6~8절입니다. 6절이 영적 상상력, 영감이 넘치는 이사야서 11장의 핵심입니다.

"그 때에 이리가 어린 양과 함께 살며 표범이 어린 염소와 함께 누우며 송아지와 어린 사자와 살진 짐승이 함께 있어 어린 아이에게 끌리며 암소와 곰이 함께 먹으며 그것들의 새끼가 함께 엎드리며 사자가 소처럼 풀을 먹을 것이며 젖 먹는 아이가 독사의 구멍에서 장난하며 젖 뗀 어린 아이가 독사의 굴에 손을 넣을 것이라" 이사야 11장 6~8절

하나님의 나라가 완성되는 '그때에_앞으로 다가오는 언젠가' 이루어지는 일입니다. 하나님의 나라를 바라보는 영적인 사람들의 비전이요. 싹으로 오신 메시아, 그리스도께서 이루시는 최종적인 목표, 비전입니다. 그런 나라를 무슨 나라라고 하느냐? 9절입니다.

"내 거룩한 산 모든 곳에서 해 됨도 없고 상함도 없을 것이니 이는 물이 바다를 덮음 같이 여호와를 아는 지식이 세상에 충만할 것임이니라" 이사야 11장 9절

물이 바다를 덮음같이 여호와를 아는 지식이 세상에 넘치는 시대, 천국, 하나님의 나라, 메시아가 통치하는 나라, 최종적인 목표지요. 엄청난 말씀입니다.

우리나라로 말하면 남북이 갈라져서 북한 동포들은 벌써 칠십 몇 년째 지하에서 그렇게 오실, 자유의 날을 기다리지 않습니까?

내가 북한에 여러 번 갔고 나진, 선봉에서는 농장도 했었습니다. 그때는 남북 관계가 지금보다는 좋을 때였고 북한에 장마당도 섰습니다. 장마당에서 어떤 할머니는 팥죽을 쑤어와서 팔고 어떤 아저씨는 강아지 두 마리 들고 팔더라고요. 북한에서는 개고기를 '단고기'라고 합니다. 북한 사람들이 단고기를 좋아하니까 그걸 팔고, 어떤 아줌마는 헌 옷을 씻어서 그걸 팔고 있었습니다.

내가 구경하면서 한 바퀴 도는데 내 담당 정치 보위부 담당이 나를 보호한다고 따라다닙니다. 명분은 보호한다고 하는데 감시지요. 내가 이렇게 돌다가 이상한 걸 느꼈어요. 한 삼십 대 후반 된 아줌마가 자꾸 날 따라오는데 가만히 보니까 내 눈치를 보는 것이 아니라 나를 감시하는 사람 눈치를 보는 것 같았습니다.

한참 뒤에 그걸 느끼고는 '저 아줌마가 나한테 무슨 할 말이 있어서 저럴까?' 하는 생각에 내가 시험 삼아서 내 옆에 따라다니는 담당을 떠나서 슬쩍 사람들 속으로 빨리 들어갔더니 내 담당이 나를 놓치면 안 되니까 발돋움해서 열심히 찾더라고요.

그때 아줌마가 내 옆으로 싹 지나가면서 내 귀에 대고 '할렐루야' 하고 가버렸습니다. 얼굴도 안 보였어요.

'할렐루야~'

그 말 하려고, 북한 땅에도 하나님을 높이는 성도가 있다는 그 말을 해주려고 나를 그렇게 따라온 겁니다. 내가 남조선에서 온 목사인 줄 알고, 농장을 하니까 소문이 나지요. 할렐루야, 하고는 얼굴도 돌아보지 않고 싹 가버렸는데, 내가 그 말을 듣고 얼마나 가슴이 뭉클하고 눈물이 나는지, 안경을 벗어서 눈물을 닦으니까 담당관이 날 찾아와서 "왜 안질이 나쁩니까?" 이럽니다.

"예, 그럴 일이 있습니다"라고 대답해 주었습니다. 이것이 물이 바다를 덮음같이 여호와를 아는 지식이 자유롭게 온 땅에 넘치는 시대, 성서 한국 시대, 통일 한국 시대지요. 그런 세월이 빨리 와야 안 되겠습니까?

그런데 정치하는 사람들이 김정은과 협상해서 어떻게 해본다? 쓸데없는 일입니다. 그런 일은 밑바닥에서부터 싹이 나고 뿌리내리고 자라야 합니다. 남북통일도 그렇게 자라야 합니다. 북한 땅에 벌써 몇십 년 동안 자유의 날을 기다리는 성도들의 한숨과 기도가 있습니다.

이 9절 말씀과 같이 우리나라에 물이 바다를 덮음같이 여호와를 아는 지식이 저 제주도 한라산에서 백두산 꼭대기까지 넘치는 시대, 여호와를 아는 지식이 골짜기마다 도시마다 마을마다 넘치는 시대를 소망하는 그런 비전을 가져야 합니다.

그러면 인민군과 국군이 같이 회식하고 공산당은 물러나고 예배당이 곳곳에 세워지는, 그런 날을 우리가 영적 환상, 상상력을 가지고 보아야 합니다. 그런 믿음을 가지고 우리가 나가면 '믿음대로 될지어다'

라고 말씀하지 않았습니까?

'믿음대로 될지어다. 아멘!'

나는 내가 천국 가기 전에 그런 날이 오게 될 줄로 믿습니다. 평양에 가서 예배드리고 금강산에 가서 여름 수양회하고 백두산에 가서 찬송 부르는 그런 날이 반드시 옵니다. 물이 바다를 덮음같이 여호와를 아는 지식이 온 땅에 넘치는 시대, 이것이 한꺼번에 확 터지는 것이 아니라 처음에는 '싹'이다. 둘째는 뿌리내린다. 셋째는 줄기가 뻗어서, 마지막이 뭡니까? 열매 맺는 겁니다. 결실하는 거지요.

우리 땅에 이런 역사가 이루어질 날을 기대하며 하나님 보좌에 기도를 올리게 되기 바랍니다.

여호와의 날

이사야 11장

"내 거룩한 산 모든 곳에서 해 됨도 없고 상함도 없을 것이니
이는 물이 바다를 덮음 같이 여호와를 아는 지식이 세상에 충
만할 것임이니라" 이사야 11장 9절

다가오는 통일 한국시대에 우리 한국교회가 해야 할 일이 참 많습니
다. 한국교회가 매우 중요합니다. 그것을 준비해야 합니다. 우리 신앙
이 목표가 높아야 합니다. 기도가 깊어야 하고, 선한 야심이 있어 예수
믿는 것이 차원이 높고, 목표가 높고, 생각이 깊어야 합니다.

교회에서 직분 받고, 주일이면 예배당 왔다 갔다 하고, 그런 것이 문
제가 아니라 하나님과 나와의 참 진정한 관계를 가지고 있어야 합니
다. 성령 받아서, 지혜와 총명을 받아서 세상 사람들이 가지지 못하는
개척정신, 창조정신, 비전을 품고 우리가 신앙생활에서 온몸으로 익혀

야 하지 않겠습니까?

예수 믿는 것은 목숨 걸고 믿는 겁니다. 뭐, 대충대충 믿는 것이 아닙니다.

'네 마음을 다하고, 힘을 다하고, 생명을 다해서 네 하나님을 사랑하고, 네 이웃을 네 몸같이 사랑하라.'

하나님 사랑, 이웃사랑, 예수 사랑, 겨레 사랑이 한 가슴, 한 비전, 한 믿음으로 뜨거워야 합니다.

이사야서 11장 9절에서 여호와를 아는 지식이 세상에 충만하다고 했습니다. 성령의 감동으로 구원에 이르는 지식, 생명과 진리의 지식이 제주도 한라산에서 저 백두산 꼭대기까지 마을마다, 고을마다, 일터마다 차고 넘치는 시대가 오리라 믿습니다.

나는 이것을 성서 한국시대라고 합니다. 우리가 그런 시대를 만든다. 내가 그 일에 쓰임 받겠다, 헌신하겠다. 내 인생, 내 지식, 내 삶을 걸고, 그 일에 쓰임 받겠다는 그런 소원, 그런 마음이 우리 마음속에 자리 잡기를 바랍니다. 물이 바다를 덮은 것 같이 여호와를 아는 지식이 차고 넘치는 시대, 성서 한국시대 얼마나 멋있습니까?

서양 기독교는 병들었습니다. 내가 독일 쾰른에 가서 돌로 아주 기막히게 지어놓은 웅장한 예배당을 보았습니다. 260년간 완성한 교회라고 하는데 예배드리는데 몇 명이 드리는 줄 아십니까? 서른 명입니다. 할머니, 할아버지가 대부분인데, 신부가, 목사가 축도 끝나고 나면 절반은 자고 있고, 절반은 일어서요. 완전히 늙어서 힘이 없습니다.

영국의 에든버러에도 갔더니 시내 복판에 "for sale"이라 써있습니다. 매물이지요. 괄호를 치고 (former church) 라고 써 놓았습니다. 이전에 교회당이었다는 말입니다. 그래서 내가 안내인에게 "이게 무슨 일이요? 교회당이 왜 매물로 나왔어요?"라고 물었더니 백 년 전에 교인이 차고 넘쳐서 돌로 잘 지었는데 지금은 교인이 없어 교회 유지비가 안 나와 교회를 팔려고 내놨답니다.

그걸 누가 샀는지 아십니까? 이슬람에서 사서 그게 모스크가 됐어요. 영국교회가 유지를 못해 이걸 팔아서 마호메트교 사원이 된 것이 539개라고 합니다. 이게 참 끔찍한 거지요. 그나마 한국교회와 중국교회가 세계교회의 희망입니다. 한국교회는 아시아에서 처음 성공한 교회입니다. 아시아에서 처음 성공한 교회라는 것은 아시아의 미래를 향해서 하나님이 쓰시고자 하는 사명이 있는 것입니다.

그러니까 우리가 잘해야 합니다. 이왕 예수를 믿을 바엔 예수를 제대로 믿어야 합니다. 우리나라는 예수 믿는다고 감옥에 가지도 않고 또 예수 안 믿는다고 세금이 나오지도 않습니다. 종교의 자유가 있습니다. 우리가 자발적으로 생명이시고, 진리이신 예수님을 찾아서 열심히 신앙생활을 제대로 해야 합니다. 말씀을 듣고 우리가 살아있는 신앙을 가질 수 있어야 합니다.

"시온에서 나팔을 불며 나의 거룩한 산에서 경고의 소리를 질러 이 땅 주민들로 다 떨게 할지니 이는 여호와의 날이 이르게 됨이니라 이제 임박하였으니" 요엘 2장 1절

요엘서는 BC 830년에 썼습니다. 불과 세 장입니다. 세 장에서 가장 많이 나오는 단어가 '두렵고' '두려운 여호와의 날'입니다. 하나님을 안 믿고 불순종하는 사람에게는 두려운 저주의 날이고, 말씀에 순종하고 진리에 목숨 거는 사람들에게는 생명과 축복의 날입니다.

'여호와의 날이 임하는도다.'

"그 후에 내가 내 영을 만민에게 부어 주리니 너희 자녀들이 장래 일을 말할 것이며 너희 늙은이는 꿈을 꾸며 너희 젊은이 는 이상을 볼 것이며" 요엘 2장 28절

요엘서의 핵심이 되는 부분입니다. 언젠가 다가오는 미래에 하나님 께서 성령을 만민에게 부어주신다고 예언했습니다. 신앙에 무슨 차별 이 있습니까? 잘난 사람, 못난 사람, 예수 믿고 '아멘' 하고 인생을 걸 면 다 성령이 임하셔서 구원의 신앙을 가지는 것 아닙니까?

누구든지 믿는 자들에게 성령이 임하는데, 성령 받아서 맺는 열매가 무엇입니까?

"너희 자녀들이 장래 일을 말할 것이요 너희 늙은이들은 꿈을 꾸며 너희의 젊은이들은 이상을 볼 것이며."

젊은이들이 비전을 본다고 하셨는데 이것을 예수님 오시기 850년 전에 썼습니다. 사도행전 2장 1절에 드디어 오순절에 성령이 임하셨 는데, 베드로가 뭐라고 말합니까? 요엘서 2장 28절을 그대로 인용해서 말합니다. 말씀에는 짝이 있다, 신약의 짝이 구약에 있고, 구약의 짝은

신약에 있다고 했습니다.

"오순절 날이 이미 이르매 그들이 다같이 한 곳에 모였더니 홀
연히 하늘로부터 급하고 강한 바람 같은 소리가 있어 그들이
앉은 온 집에 가득하며 마치 불의 혀처럼 갈라지는 것들이 그
들에게 보여 각 사람 위에 하나씩 임하여 있더니 그들이 다 성
령의 충만함을 받고 성령이 말하게 하심을 따라 다른 언어들
로 말하기를 시작하니라" 사도행전 2장 1~4절

요엘서에서 예언한 하나님 영, 성령이 임하시는 거룩한 광경입니다.
신앙의 세계는 그때나 지금이나 하늘로부터입니다. 하늘로부터 임하
는 살아 계신 성령, 성령에 대한 뜨거운 가슴이 없이 사람들이 모여서
지지고 볶고 하니까 말만 많고 힘들고 아무런 역사도, 변화도 일어나
지 않는 것입니다.

"이는 곧 선지자 요엘을 통하여 말씀하신 것이니 일렀으되 하
나님이 말씀하시기를 말세에 내가 내 영을 모든 육체에 부어
주리니 너희의 자녀들은 예언할 것이요 너희의 젊은이들은 환
상을 보고 너희의 늙은이들은 꿈을 꾸리라" 사도행전 2장 16~17절

오순절에 성령 받은 베드로와 제자들이 예루살렘 시내에 나가서
850년 전에 요엘 선지가 예언한 것을 인용합니다. 요엘서 2장 28절에

요엘 선지가 말한 예언이 무엇입니까? 길 없는 시대에 길을 찾아서 선포하는 것, 그것이 예언입니다. 우리 자녀들이 성령을 받아서 길 없는 시대에, "예수 그리스도가 길이다. 나라가 살 길이고, 교회가 살 길이고, 개인이 살 길이다"라고 선포하는 예언자가 된다는 말씀입니다.

프랑스에 사르트르라는 신학자가 "현대는 목표는 있는데 그 목표에 도달하는 길이 없다"라는 말을 했습니다. 어디까지 간다는 목표는 있는데, 인생 살아가는 길이 없습니다.

그런데 우리 자녀들이 "길이요 진리요, 생명이신 예수님을 따르자"라고 외치는 예언자가 된다는 겁니다. 젊은이들이 뭘 본다고요? 비전, 이상, 환상을 봅니다. 환상이 뭡니까? 나라가, 교회가, 지도자들이, 목표를 못 정하고 우왕좌왕 허둥지둥할 때 목표를 확실히 설정하고 깃발을 꽂는 능력입니다. 우리 백성, 우리 교회, 우리 교인은 이 길로 가야 한다고 목표를 제시하는 그것이 비전입니다. 성령 받으면 젊은이들이 비전을 본다는 겁니다.

길 없는 시대에 길을 선포하고, 목표 없는 시대에 예수 그리스도가 우리의 목표라고 분명히 선포할 수 있는 자녀들로 우리가 기를 수 있게 되기를 바랍니다.

"너희 늙은이들이 꿈을 꾸리라"라는 말씀대로 노인들이 꿈이 있어야 합니다. 통일 한국의 꿈이 있고, 아름다운 사회를 건설하는 꿈이 있어야 합니다. 우리에게 주시는 살아 계신 하나님의 살아있는 말씀으로 받을 수 있기를 바랍니다.

하나님의 경영 Ⅰ
이사야 14장

"만군의 여호와께서 맹세하여 이르시되 내가 생각한 것이 반
드시 되며 내가 경영한 것을 반드시 이루리라 내가 앗수르를
나의 땅에서 파하며 나의 산에서 그것을 짓밟으리니 그 때에
그의 멍에가 이스라엘에게서 떠나고 그의 짐이 그들의 어깨에
서 벗어질 것이라 이것이 온 세계를 향하여 정한 경영이며 이
것이 열방을 향하여 편 손이라 하셨나니 만군의 여호와께서
경영하셨은즉 누가 능히 그것을 폐하며 그의 손을 펴셨은즉
누가 능히 그것을 돌이키랴" 이사야 14장 24~27절

'하나님의 경영'에 대한 귀중한 말씀입니다.
'내가 생각한 것이 반드시 되며 내가 경영한 것을 반드시 이루리라.'
하나님의 경영입니다.

'내가 앗수르를 나의 땅에서 파하며.'

앗수르 제국을 없앤다. 망하게 하신다. 하나님의 경영입니다. 앗수르 제국은 역사에 등장한 제국 중에 가장 포악한 정권입니다. 포로들을 가차 없이 살육하고 전쟁하면 어린아이, 부녀자까지 죽입니다. 역사에 등장한 많은 정권 중에 앗수르 정권이 제일 포악합니다. 그 앗수르, 공식적인 이름으로 앗시리아를 내가 없앤다. 하나님의 경영이요. 온 우주와 세계를 다스리시는 하나님의 경영입니다.

'내가 앗시리아를 나의 땅에서 파하며.'

온 땅이 다 여호와의 땅, 하나님이 지으신 땅이니까 하나님이 주인 아닙니까? 나의 땅에서 앗시리아를 아예 없애버리겠다. 요즘 러시아의 푸틴이 이 말씀을 읽어야 합니다. 푸틴이 너무 나쁩니다. 포로들을 데려가서는 문을 잠가놓고 소이탄을 쏘아서 떼죽음을 당하게 했다고 합니다.

요새 인공위성이 대단해요. 그걸 다 찍었어요. 그런 정권, 포악한 정권은 하나님이 파하십니다. 하나님의 경영입니다. 북한도 열여덟 곳의 강제수용소에 이십만 명이 수용되어 있는데 그중에 절반은 기독교인이라 합니다. 성경 갖고 있다고 수용소 가고, 예수 믿는다고 갇혔습니다. 하나님의 때에 하나님이 파하실 줄로 믿습니다.

25절 다시 봅니다. 앗시리아에 압박당하던 모든 피정복민들, 모든 인권이 유린당하고 고통당하던 백성들의 짐을 하나님이 풀어주신다. 그것이 하나님의 경영입니다. 26절, '이것이 온 세계를 향하여 정한 경영이며' 온 세계를 향한 누구의 경영입니까? 하나님의 경영입니다. '열방'이라고 하신 모든 나라를 향하여 편 하나님의 경영입니다.

27절, 누가 하나님의 경영을 가로막을 수 있겠습니까? 누가 하나님의 경영을 폐할 수 있겠습니까? 온 우주와 세상을 다스리시는 하나님의 경영, 이것을 신약성경 에베소서 1장에서는 다르게 표현합니다. 에베소서의 주제가 '교회론'입니다. 에베소서를 잘 공부하면 교회 생활에 열매를 거둘 수 있습니다.

> "이는 그가 모든 지혜와 총명을 우리에게 넘치게 하사 그 뜻의 비밀을 우리에게 알리신 것이요 그의 기뻐하심을 따라 그리스도 안에서 때가 찬 경륜을 위하여 예정하신 것이니 하늘에 있는 것이나 땅에 있는 것이 다 그리스도 안에서 통일되게 하려 하심이라" 에베소서 1장 8~10절

하나님의 자녀 된 우리에게 지혜와 총명을 충만하게 하셔서, '그 뜻의 비밀을_숨기는 비밀이 아니고 사람의 지혜로 풀 수 없는 하나님의 경영, 복음의 신비' 우리에게 알리신 것입니다. 9절, '그의 기뻐하심을 따라 그리스도 안에서 때가 찬 경륜을 위하여 예정하신 것이라'에서 '경륜'이라는 말에 줄을 칩시다. 때가 되어서 나타나는 하나님의 경륜, 경영인데 누구 안에서 나타났습니까? 바로 그리스도 예수 안에서 입니다.

그리스도 안에서 하나가 되는, 거룩한 하늘의 것과 속된 땅의 것이 그리스도 안에서 하나가 됩니다. 온 우주와 세계를 다스리시는 하나님의 경륜, 경영이 있어서 하늘과 땅이 그리스도 안에서 하나가 되는 겁

니다. 이것을 다르게 표현하면 교회와 세상이 하나요. 김진홍 목사가 교회에서 설교하는 것하고 박 집사가 회사에서 경영하는 것이 하나라는 것입니다. 누구 안에서요? 그리스도 안에서 입니다. 이것이 하나님의 경륜입니다.

하나님의 경륜이라는 말이 성경 원문에는 '오이코노미아'입니다. 하나님의 '오니코노미아' 하늘의 것, 땅의 것, 교회 일, 세상의 일이 하나가 된다. 계속 강조해도 부족하지 않은 귀한 진리입니다.

이 단어는 합성어입니다. '오이코노미아'는 '오이코스_oikos'와 '노모스_nomos'란 두 단어가 합하여진 말입니다. 그래서 합성어라 합니다.

'오이코스'는 집이란 뜻이고 '노모스'는 규범입니다. 합해서 이해하자면 한 집안을 이끌어 가는 규범 혹은 규칙을 일컫습니다. 그래서 하나님의 경륜이란 온 우주를 이끄시는 하나님의 규범을 일컫습니다.

'오이코노미아'에서 영어 단어가 둘이 나왔습니다.

첫째는 경제, '이코노미_economy'입니다. '이코노미'하고 '오이코노미아' 비슷하지요. 이것이 무슨 뜻이 있습니까? 모든 경제는 하나님의 경제라는 것입니다. 그래서 성령 받고, 말씀의 지혜를 받고, 기도 생활 제대로 하면 경영에 성공할 수 있습니다. 왜냐하면, 모든 경제는 하나님의 경제니까요.

하나님의 경영을 우리가 영적으로 배우고 본받으면 세상 경영에 성공하는 거지요. 그런데 경영 중에 제일 중요한 경영이 자기 경영입니다. 세상에서 아무리 성공해도 자기 영혼이 경영이 안 되면 죽을 때는 허무하잖습니까?

두 번째 뜻이 뭐냐 하면 '에큐메닉스_ecumenics'입니다. 여러 가지 복잡하고 다양한 것을 그리스도 안에서 하나로 통일시키는 것이 '에큐메닉스'입니다. 그걸 다른 말로 다양성의 통일, 단일화하는 겁니다. 누구 안에서요? 그리스도 안에서입니다. 하늘과 땅, 교회와 세상, 개인 일과 교회 일, 세상 역사와 하나님의 역사가 하나 되는 것입니다.

그래서 영적인 사람, 유능한 사람, 성령 받은 사람이 뭐가 다르냐 하면 복잡한 것을 영적으로, 지혜와 총명으로 간단하게 처리합니다. 그걸 일머리를 안다고 합니다. '저 사람은 일머리를 알아!' 이런 말을 들으려면 첫째 해야 할 것, 둘째 해야 할 것, 마지막에 해야 할 것, 버려야 할 것을 아는 하나님이 주시는 지혜가 필요합니다.

깊이 생각해야 합니다. 성경을 수박 겉핥기식으로 대충 읽으면 그 오묘한 뜻이 가슴에 닿지를 못합니다. 성경은 깊이 묵상해야 하고, 공부해야 하고, 연구해야 합니다. 하나님의 복음의 신비가 있는데 그 신비는 때가 되어서 예수님 안에서 나타나는데 그걸 '하나님의 경륜'이라고 합니다. 그래서 하나님의 경륜 '오이코노미아'를 한마디로 정리하자면 온 우주와 세계를 다스리시는 하나님의 살림살이, 하나님의 경영입니다.

하나님의 경륜을 통해서 하늘과 땅, 교회와 세상, 기도하는 것과 기업경영 하는 것, 농사짓는 것, 집에서 살림 사는 것이 모두 그리스도 안에서 하나가 되는데 이 하나님의 경륜을 어디서 배울 수 있나요?

어떤 지도자나 목사님을 평가할 때, '그 사람이 경륜이 있어'라고 하고 또 사람을 낮추어 말할 때는 '그 사람은 자리는 높은 자린데, 경륜이 없어'라고 표현합니다. 앞뒤도 모르고 일머리를 모르고 손대면 더 복잡해집니다. 경영을 잘 못한다는 말입니다.

우리나라 국회를 싹 떠서 브라질로 옮겼으면 좋겠다는 생각을 가끔 합니다. 상식적으로 간단한데 국회 들어가면 복잡해지고 꼬입니다. 하나님의 경영, 경륜을 모르는 겁니다. 어떤 목사님이 교회 부임했는데 편안하던 교회가 꽈배기처럼 복잡하게 꼬여서 시끄러워지고 분열되고, 무리하게 교회 짓다가 싸움이 나고 그렇지 않습니까? 하나님의 경영, 하나님의 경륜을 몸으로 익히지 못해서 그렇습니다.

chapter

13

하나님의 경영 II
이사야 14장

"만군의 여호와께서 맹세하여 이르시되 내가 생각한 것이 반
드시 되며 내가 경영한 것을 반드시 이루리라 내가 앗수르를
나의 땅에서 파하며 나의 산에서 그것을 짓밟으리니 그 때에
그의 멍에가 이스라엘에게서 떠나고 그의 짐이 그들의 어깨에
서 벗어질 것이라 이것이 온 세계를 향하여 정한 경영이며 이
것이 열방을 향하여 편 손이라 하셨나니 만군의 여호와께서
경영하셨은즉 누가 능히 그것을 폐하며 그의 손을 펴셨은즉
누가 능히 그것을 돌이키랴" 이사야 14장 24~27절

그러면 하나님의 경륜을 어디서 배웁니까? 서울대학 경제과에서 배
우나요? 하버드 대학, MBA에서 배우나요? 아닙니다. 에베소서 3장 9
절 말씀에서 배울 수 있습니다. 그래서 성경은 읽으면 읽을수록 무궁

무진합니다. 이사야서에서 읽은 하나님의 경영이 신약 에베소서에서
나타납니다.

> "영원부터 만물을 창조하신 하나님 속에 감추어졌던 비밀의
> 경륜이 어떠한 것을 드러내게 하려 하심이라 이는 이제 교회
> 로 말미암아 하늘에 있는 통치자들과 권세들에게 하나님의 각
> 종 지혜를 알게 하려 하심이니 곧 영원부터 우리 주 그리스도
> 예수 안에서 예정하신 뜻대로 하신 것이라" 에베소서 3장 9~10절

영원부터 만물을 창조하신 하나님 속에 감추어졌던 비밀을 '교회로
말미암아_교회를 통하여' 배운다고 확실하게 말씀하십니다.

'교회로 말미암아 하늘에 있는 통치자들과 권세들에게 하나님의 각
종 지혜를 알게 하려 하심이라.'

귀한 말씀이지요. '아멘' 하십니까?

내가 일 년에 한두 번 국회에 가서 국회의원을 상대로 연설하는데
"여러분, 예수를 안 믿어도 성경은 읽으시오"라고 강조합니다. 성경은
인류의 최고의 지혜 중의 지혜입니다. 하나님의 경영, 하나님의 경륜
의 책이기 때문에 예수를 안 믿어도 성경 읽으라고 하는 것입니다. 성
경이 그렇게 위대합니다. 왜냐하면, 온 우주와 세계를 다스리시는 하
나님의 경영이 들어 있기 때문입니다.

그렇지요? 성령 받는 것이 왜 중요하냐? 성령을 통해서 세계를 다스
리시는 하나님의 경영을 배우는 겁니다. 교회로 말미암아 신비한 복

음의 경륜을 배웁니다. 그래서 에베소서 3장 10절을 읽으며 마음 판에 딱 새기기 바랍니다.

'이는 이제 교회로 말미암아 하늘에 있는 통치자들과 권세들에게 하나님의 각종 지혜를 알게 하려 하심이니.'

하나님의 경영, 하나님의 경륜이 누구에게서 나타났다고요?

그리스도 안에서입니다.

> "곧 영원부터 우리 주 그리스도 예수 안에서 예정하신 뜻대로 하신 것이라" 에베소서 3장 11절

언제 나타났느냐? 하나님의 때에, 예정하신 때에 나타납니다. '때'가 우리말로는 한 단어고 영어로도 '타임' 하나입니다. 그런데 성경 원문에는 단어가 둘입니다. '카이로스'가 있고 '크로노스'가 있는데 '카이로스'는 하나님의 때이고 사람의 때, 사람의 경영은 '크로노스'입니다.

단어가 다릅니다. 헬라어 성경을 읽어보면 하나님의 때_카이로스구나, 사람의 때_크로노스구나 분별이 갑니다. 그런 걸 모르고 읽으면 깜깜하지요. 사람의 때인지? 하나님의 때인지? 하나님의 경영과 사람의 경영은 다르잖아요. 하나님의 경륜, 온 우주를 다스리시는 하나님의 경륜, 하나님의 계획이 따로 있습니다. 그걸 깊은 기도와 말씀 속에서 온몸으로 배웁니다. 그것이 지혜와 총명입니다. 이사야서 14장 24절로 다시 돌아옵니다.

"만군의 여호와께서 맹세하여 이르시되 내가 생각한 것이 반
드시 되며 내가 경영한 것을 반드시 이루리라" 이사야 14장 24절

하나님의 경영을 반드시 이루신다고 하는데 사람의 경영, 회사 사장
님의 경영하고 차원이 다르지요. 14장에서 하나님의 경영은 바로 그
포악한 정권 앗시리아를 이 땅에서 아예 없애버리는 것입니다.

앗시리아 수도가 '니느웨'입니다. 하나님의 경영에 의해서 앗시리아
가 완전히 망한 뒤에 '니느웨'라는 도시 자체가 사라져 버렸습니다. 그
래서 그동안에는 역사학자들이 '니느웨'라는 도시는 가상의 도시다.
실제 있었던 도시가 아니고 그냥 가상의 도시라고 생각했습니다. 그런
데 몇십 년 전에 중동에서 한 목동이 염소를 먹이는데 염소가 언덕 꼭
대기에 올라갔습니다. 염소가 언덕을 잘 올라가잖습니까? 그래서 따
라 올라가서 염소를 데려오려고 꼭대기에 갔더니, 언덕 꼭대기에 무슨
벽돌같이 쌓아놓은 것이 있어 이상하다고 생각해서 염소를 몰고 내려
와서 아버지에게 말했습니다.

그래서 아버지가 궁금해서 올라가 보았더니 거기에 벽돌 쌓았던 집
터 흔적이 나와 정부에 신고했습니다.

"이상합니다. 우리 동네 앞 언덕에 집터 같은 것이 있습니다."

거기는 옛날 고적이 많으니까 문화제 관리 위원회 같은 것이 있잖습
니까? 거기 가서 파보니까, 평소에 염소 먹이고 양 먹이던 그 언덕에
큰 건물이 들어앉아 있는 것입니다. 세월이 가면서 모래가 쌓여 묻힌
겁니다. 그래서 발굴해보니 그것이 앗시리아의 수도 니느웨였습니다.

하나님이 이사야서 14장에서 내가 앗시리아를 내 땅에서 아예 사라지게 하겠다고 하셔서 그 수도 '니느웨'가 완전히 폐허가 되어버렸습니다. 목동이 염소 먹이다가 찾아냈습니다. 이것이 하나님의 경륜이요 하나님의 경영입니다. 사람들이 잘난 척해도 하나님이 보시고 '안돼' 하면 그만입니다.

하나님 앞에 잘 보여야 합니다. 하나님 보시기에 합당해야 합니다. 자기가 잘난 척하는 것을 성경에서 뭐라고 하는지 아십니까? 교만입니다. 하나님이 제일 싫어하는 성품이 바로 이 교만입니다. 하나님이 가장 기뻐하는 성품이 뭘까요? 겸손입니다. 교만과 겸손은 반대지요. 그러니까 이사야서 14장이 보통 장이 아닙니다.

BC 722년에 앗시리아 군대가 이스라엘 사마리아 성을 멸망시키고 포로로 끌어가고 아이들까지 패대기쳐서 죽이는 최고로 악독한 정권이라 하나님이 볼 때 도가 넘은 것입니다. 하나님이 내 땅에서 없어지게 하겠다는데, 하나님의 땅에 사는 어느 누가 이 말씀, 하나님의 경영을 말리겠습니까? 누가 거기에 간섭하겠습니까?

그러니까 개인도 나라도 다 겸손해야 합니다. 하늘 높은 줄 알고, 하나님 무서운 줄 알고 겸손해야 합니다. 우리는 보통 서민들이지만 하나님 앞에 겸손하게 살아갑시다. 하나님의 경영에 우리가 참여해서 이 땅에서 우리 자신의 경영, 가정 경영, 교회 경영, 기업 경영에 승리하는 열매 맺게 되기를 바랍니다.

chapter

14

그날에
이사야 24~27장

    선지자 이사야의 시대는 좌절과 절망의 시대입니다. 그런데 이사야 24장에서 27장까지의 말씀에서 이사야가 희망을 말하고 있습니다. 하늘로부터 임하는 선포입니다.

    '하나님이 너희를 버리지 않는다.'

    이것이 핵심 메시지입니다. 24장에서 27장 사이에 아주 특별한 단어가 나옵니다. '그날에'입니다. '그날에', '그때에'라는 말이 7번 나옵니다. 지금은 낙심하고 실망하고 의지할 데가 없지만, 그냥 두지 아니하시고 다가오는 '그날에' 하나님이 직접 다스리시는 나라가 온다고 하십니다. 가장 절망적인 시대에 희망을 말해줍니다. 성경은 항상 희망을 말씀하십니다.

    예수님 당시에 세 종류의 사람이 살았습니다.

    첫째는 과거지향적인 사람, 바리새인들입니다. 그들은 항상 모세만

찾습니다. 무슨 일이든지 율법을 내세웁니다. 과거에 매여있습니다.

두 번째는 현실 지향적인 사람, 사두개인입니다. 그들은 부활 신앙이 없습니다. 현실주의자들로서 이권에 관심이 많아 부자나 로마의 관리들이 많습니다. 세도를 부립니다. 요새는 이런 사람이 많은 것 같습니다.

세 번째가 미래지향적인 사람들입니다. 바로 예수님의 제자들입니다. 항상 미래를 추구합니다. 현실적으로는 가난합니다. 그냥 하나님이 주시는 대로 한끼한끼 먹으며 목숨 걸고 복음을 전하는 사람들입니다. 보잘것없지만, 그들은 미래에 대한 희망을 이야기합니다. 예수님을 알고 난 후에 성령을 받으니 현실이 아무리 어려워도 가슴 뿌듯한 희망을 안고 살아갑니다.

예언자들이 마찬가지입니다. 백성들에게 죄악과 심판을 말하고 회개를 촉구하면서 나중에 항상 희망과 용서를 말합니다. 언젠가 하나님이 친히 왕이 되시고 하나님이 다스리는 정의로운 시대가 온다. 행복한 시대가 다가온다고 선포합니다.

> "보라 여호와께서 땅을 공허하게 하시며 황폐하게 하시며 지면을 뒤집어엎으시고 그 주민을 흩으시리니 백성과 제사장이 같을 것이며 종과 상전이 같을 것이며 여종과 여주인이 같을 것이며 사는 자와 파는 자가 같을 것이며 빌려 주는 자와 빌리는 자가 같을 것이며 이자를 받는 자와 이자를 내는 자가 같을 것이라 땅이 온전히 공허하게 되고 온전히 황무하게 되리라

여호와께서 이 말씀을 하셨느니라 땅이 슬퍼하고 쇠잔하며 세
계가 쇠약하고 쇠잔하며 세상 백성 중에 높은 자가 쇠약하며
땅이 또한 그 주민 아래서 더럽게 되었으니 이는 그들이 율법
을 범하며 율례를 어기며 영원한 언약을 깨뜨렸음이라 그러므
로 저주가 땅을 삼켰고 그 중에 사는 자들이 정죄함을 당하였
고 땅의 주민이 불타서 남은 자가 적도다" 이사야 24장 1~6절

땅에 집 짓고, 먹고 사는 백성에게 땅이 황폐하게 되는 것보다 더 큰
불행이 어디 있겠습니까? 땅이 저주받아 슬퍼한다고 했는데 땅이 슬
퍼하는 것은 땅에 사는 사람들에게 슬픈 시절이 온다는 비유입니다.
땅이 이방 군대의 말발굽 아래 짓밟혀서 그 땅에 사는 사람들이 더럽
힘을 당하고 죽임을 당한다는 것입니다.

이 땅에도 동족상잔의 비극 6.25 전쟁으로 온 땅이 쑥밭이 되었으니
실감 나는 말씀입니다. 전쟁 때 우리 마을 청송에도 인민군들이 들어
와서 마을을 점령했습니다. 그때 우리 마을에서 예수 믿는 집은 우리
집뿐이었습니다. 삼 일 뒤에 우리 가족을 인민 재판하려고 계획했는데
그날 밤에 국군이 들어와서 인민군을 몰아내어 우리 가족이 살 수 있
었습니다.

밤에 방에서 바라보니 마당 한 가운데 놓인 풀더미가 조용히 움직여
서 어머니에게 말했더니 어머니가 눈치를 채고 조용히 하라고 시켰습
니다. 국군이 조용히 들어와 풀더미로 위장하고 우리 집 마당을 가로
질러 인민군 지휘부가 있는 곳으로 가서 총을 쏘고 수류탄을 던져 인

민군을 쫓아냈습니다. 다시는 이 땅에 그런 비극이 있어서는 안 됩니다. 전쟁을 경험하지 못하면 그 참혹함을 결코 알 수가 없습니다.

> "그 날에 여호와께서 높은 데에서 높은 군대를 벌하시며 땅에
> 서 땅의 왕들을 벌하시리니 그들이 죄수가 깊은 옥에 모임 같
> 이 모이게 되고 옥에 갇혔다가 여러 날 후에 형벌을 받을 것이
> 라 그 때에 달이 수치를 당하고 해가 부끄러워하리니 이는 만
> 군의 여호와께서 시온 산과 예루살렘에서 왕이 되시고 그 장
> 로들 앞에서 영광을 나타내실 것임이라" 이사야 24장 21~23절

땅이 고통을 당하고, 저주 받고 황폐해지는 세월이 지나고 '그날에-언젠가 하나님의 때에' 세상의 권세 잡은 왕들을 하나님이 벌하신다는 말씀입니다. 자기들의 땅, 세상인 줄로 알고 우상숭배하고 약한 자를 핍박하고 빼앗고 죽이던 자들을 하나님이 벌하시는 날이 옵니다. '그때에' 세상 왕들은 사라지고 하나님이 왕이 되는 시대가 옵니다. 그날을 기다리는 것이 신앙생활입니다.

중국이 공산화되고 1966년부터 10년간 모택동에 의해 문화혁명이 일어나 모든 교회를 허물고, 목사들을 죽이고, 믿는 사람들을 잡아다가 고문했습니다. 문화혁명 말기에 미국의 신문기자가 모택동의 아내 강청과 대담했는데 강청이 지금 중국 땅에 기독교도들은 한 명도 남아있지 않다고 큰소리쳤습니다. 그러나 바로 그때 중국 중심부의 지하교회에서 성령 운동이 일어났습니다. 논두렁에서 골방에서, 산속에서 기

도하며 성령 운동을 일으킨 겁니다. 문화혁명이 끝나고 등소평이 권력을 잡아 어느 정도 신앙의 자유를 허락하여 지하에 있던 기독교인들이 양지로 나왔는데 그 수가 삼천만명이었습니다.

북한도 지금 공산 치하에서 모든 교회가 무너지고 종교의 자유가 없지만, 지하교회에 얼마만큼의 성도들이 있는지 알 수 없습니다. 오래전에 중국에서 북한을 오가는 보따리 장사들이 몰래 전도하는데 황해도의 지하교회가 부흥운동이 일어나 그들이 예배하고 기도하는 장면을 핸드폰으로 찍어 온 것이 있습니다. 그래서 최소한 5~6만 명의 교인들이 북한 있을 것이라고 예상합니다. 성령이 직접 역사하시는 것입니다.

"그 날에 말하기를 이는 우리의 하나님이시라 우리가 그를 기다렸으니 그가 우리를 구원하시리로다 이는 여호와시라 우리가 그를 기다렸으니 우리는 그의 구원을 기뻐하며 즐거워하리라 할 것이며" 이사야 25장 9절

역시 '그날에_구원의 날'로 시작합니다. 하나님의 구원하시는 날입니다. 하나님이 우리를 지켜주시고 인도하시며 우리를 통해서 영광 받으실 날이 온다는 말씀입니다. 그날을 미리 선포하고 있습니다. 아무리 현실이 우리를 억누르고, 삶이 절망적일지라도 다가오는 그날을 기다리는 것입니다. 신앙생활의 중요한 것 중 하나가 기다림입니다. 기다릴 줄 모르면 누리지 못합니다.

영적인 사람들은 기다릴 줄 아는 사람입니다. 급하면 안 됩니다. 이사야 선지가 선포했듯이 그 은혜의 날을 기다려야 합니다.

> "그 날에 유다 땅에서 이 노래를 부르리라 우리에게 견고한 성읍이 있음이여 여호와께서 구원을 성벽과 외벽으로 삼으시리로다 너희는 문들을 열고 신의를 지키는 의로운 나라가 들어오게 할지어다 주께서 심지가 견고한 자를 평강하고 평강하도록 지키시리니 이는 그가 주를 신뢰함이니이다 너희는 여호와를 영원히 신뢰하라 주 여호와는 영원한 반석이심이로다"
> 이사야 26장 1~4절

'그날에_at that time'입니다. 아무리 힘들고 핍박을 받더라도 하나님을 믿고 신뢰하면서 기다리라고 하십니다. 언제까지요? 그날이 올 때까지입니다. 이 말씀이 북한 동포에게도 임하게 될 줄로 믿습니다. 믿어야 합니다.

> "그 날에 여호와께서 그의 견고하고 크고 강한 칼로 날랜 뱀 리워야단 곧 꼬불꼬불한 뱀 리워야단을 벌하시며 바다에 있는 용을 죽이시리라 그 날에 너희는 아름다운 포도원을 두고 노래를 부를지어다 나 여호와는 포도원지기가 됨이여 때때로 물을 주며 밤낮으로 간수하여 아무든지 이를 해치지 못하게 하리로다" 이사야 27장 1~3절

좌절의 시대에 미래의 영광을 미리 선포하는 것 그것을 한 단어로 '그날에_여호와의 날'라고 합니다. 하나님의 손길이 나타나는 때입니다. 우리 신앙인이 현실을 보지 않고 그날을 보면서 살면, 절대 낙심하지 않습니다. 사탄의 세력이, 악한 세력이 제철 만난 것처럼 온 세상을 좌지우지하고 있지만 '메뚜기도 한 철이다'라는 말 아시죠. 하나님을 모르면서 세력을 얻었다고 기고만장해도 이슬같이 사라질 존재라는 것입니다.

> "너희 이스라엘 자손들아 그 날에 여호와께서 창일하는 하수
> 에서부터 애굽 시내에까지 과실을 떠는 것 같이 너희를 하나
> 하나 모으시리라 그 날에 큰 나팔을 불리니 앗수르 땅에서 멸
> 망하는 자들과 애굽 땅으로 쫓겨난 자들이 돌아와서 예루살렘
> 성산에서 여호와께 예배하리라" 이사야 27장 12~13절

핍박을 받아 흩어지고 정처 없이 떠돌던 백성들이 희망의 소식을 듣고 모여듭니다. '그날에_회복의 날' 남은 자들이 돌아와서 하나님께 예배드리고 영광 드린다는 말씀은 그 옛날 이사야를 통해 이스라엘에게 주시는 말씀이지만 오늘을 사는 우리에게도 동일하게 주시는 말씀입니다. 지금도 살아계시는 같은 하나님입니다. 선지자 이사야 같은 목사님들을 통해 계속해서 하나님의 말씀을 선포하게 하십니다. 약속의 말씀으로 받아야 합니다.

"히스기야 왕 십사년에 앗수르 왕 산헤립이 올라와서 유다의
모든 견고한 성을 쳐서 취하니라" 이사야 36장 1절

이사야서는 66장으로 이루어져 있는데 1장에서 39편 전편에서는 주
로 앗시리아와 이스라엘과의 관계, 40장부터 66장까지는 주로 앗시리
아 다음에 등장한 바벨론과의 관계가 중심이 되고, 그 전체에 하나님
의 사람, 이사야가 주인공으로 등장합니다.

이사야라는 이름 자체가 '여호와는 나의 구원이시다'라는 뜻입니다.
성경의 여러 인물 중에서 '야' 자가 붙으면 '여호와'를 뜻합니다. 엘리
야, 이사야, 예레미야라는 이름에서 '야' 자가 하나님을 뜻하는 단어입
니다.

앗시리아나, 바벨론이나 숱한 왕들은 배후의 인물이고, 그 시대에

하나님께서 하나님의 사람을 통해서 구원 역사를 어떻게 펼치시느냐? 이것이 이사야서의 주제가 됩니다.

본래 선지자라는 제도가 왕의 제도를 보완하기 위해서 하나님이 세운 제도입니다. 사사 시대만 해도 왕이 없었는데, 사사 시대에서 왕정 시대로 넘어가는 전환기의 영적 지도자가 사무엘입니다. 사무엘에게 백성들이 자꾸 와서 왕을 요구했습니다. 그런데 사사 시대에는 왕이 따로 있는 게 아니라 나라가 어려움을 당하면 사사들을 통해서 하나님이 직접 역사하신 거지요. 그래서 나라가 필요할 때 국가적인, 민족적인 지도자인 사사들을 통하여 역사하셨습니다.

기드온, 삼손, 여자 사사 드보라 같은 사사들은 그 당시의 작은 예수라 할 수 있습니다. 작은 예수, 그 시대 그 시대의 메시아이지요. 그런데 백성들이 거기에 만족하지 아니하고 자꾸 왕을 요구하니까 하나님께서 사무엘을 통해서 왕을 세워주면서 왕이 다스리는 나라의 단점을 보완하기 위해서 선지자 제도, 예언자 제도를 세우신 겁니다.

제사장이 있고, 선지자가 있는데, 제사장은 백성들을 대표해서 하나님께 아뢰는 직책이 제사장입니다. 그래서 아버지가 제사장이면 아들이 제사장으로 승계하는 겁니다. 왕도 아버지가 왕이면 아들로 왕 자리를 승계하지요. 그런데 선지자는 전혀 다른 것이 하나님이 세우시는 겁니다. 하나님을 대변해서 백성들에게 그 시대, 그 시대에 하나님의 뜻을 전하는 사람들이 선지자이기 때문에 선지자는 승계가 되지 않습니다. 그 선지자 중에 별과 같이 두드러진 분이 이사야입니다.

이사야서 전편 39장 중에서 36장에서 39장까지에 특별한 이야기가 들어있습니다. 히스기야 왕의 이야기입니다. 사실은 이사야서 35장에서 40장으로 바로 넘어가도 연결이 되는데, 중간에 36장에서 39장까지 히스기야 왕 이야기가 끼어든 것 같이 되어 있습니다. 그래서 이걸 "히스기야 이야기 편"이라고 말할 수 있습니다. 그런데 왕으로서의 히스기야와 예언자로서의 이사야가 어떻게 둘이 합해서 하나님의 뜻을 그 시대에 펼쳐나가느냐? 그 이야기가 흥미진진합니다.

36장이 시작되면서 앗시리아의 왕 산혜립이 군대를 몰고 와서 예루살렘 성을 포위하여 완전히 나라가 망하게 되었습니다. 히스기야 왕은 다윗 왕 이래로 가장 훌륭한 왕입니다. 어떻게든지 나라를 영적으로 다스려보려고 애쓰던 사람인데 막강한 산혜립이 대군을 몰고 와서 성을 둘러싸니 이게 얼마나 난감하겠습니까?

이때 히스기야가 하나님의 사람, 선지자 이사야에게 사람을 보냅니다. '나라가 이렇게 어려운데 하나님의 선지자가 어째서 보고만 계십니까? 하나님 쪽에 무슨 뜻이 없습니까?'라고 묻는 것입니다. 이사야가 기도하는 중에 하나님의 뜻을 히스기야 왕에게 전합니다.

'걱정하지 마라. 하나님이 다 알아서 챙기신다.'

"이사야가 그들에게 이르되 너희는 너희 주에게 이렇게 말하라 여호와께서 이같이 말씀하시되 너희가 들은 바 앗수르 왕의 종들이 나를 능욕한 말로 말미암아 두려워하지 말라"
이사야 37장 6절

지금도 그렇습니다. 지금도 나라의 경제가 어려워지고, 북한 문제도 자꾸 오락가락하니 걱정하는 사람들이 많습니다. 정치하는 사람들은 자기들의 이권, 자기들의 입장에 매여서 하나님의 뜻을 살피기 어렵습니다. 그러나 이 시대에도 하나님의 사람들이 있어서 하나님의 뜻을 전하는 거지요. 그러니까 선지자의 역할이 있고, 왕의 역할이 있고, 제사장의 역할이 있습니다. 이게 구약 시대에는 갈라져 있었는데, 어디 가서 합쳐지느냐? 신약에 가서 예수님이 제사장이요, 왕이요, 선지자가 되십니다.

> "보라 내가 영을 그의 속에 두리니 그가 소문을 듣고 그의 고국으로 돌아갈 것이며 또 내가 그를 그의 고국에서 칼에 죽게 하리라 하셨느니라 하니라" 이사야 37장 7절

히스기야 왕에게 하나님의 선지자 이사야가 알려줍니다. 산헤립 군대가 예루살렘 성을 둘러싸고 협박해서 오늘 성이 떨어질지, 내일 성이 떨어질지 모르는데 하나님의 사람 이사야는 태평합니다.

'걱정하지 마라. 본국에서 일이 생겨서 그 소문을 듣고 산헤립 군대는 하루아침에 돌아간다. 그리고 본국에 가서 죽임을 당한다'라고 예언합니다.

아니나 다를까? 본국에서 쿠데타 같은 무슨 정변이 일어날 그런 조짐이 있었는지 포위를 풀고 본국에 돌아가, 앗시리아 왕실에서 섬기는 신전에서 제사 지내다가 암살당했습니다. 그렇게 재난이 물러간 거지

요. 이 내용이 이사야서 37장에 나오고 나서 긴 안목으로 하나님께서 역사 속에서 어떻게 섭리하시는지 37장 31절 말씀에 나옵니다.

> "유다 족속 중에 피하여 남은 자는 다시 아래로 뿌리를 박고
> 위로 열매를 맺으리니 이는 남은 자가 예루살렘에서 나오며
> 피하는 자가 시온 산에서 나올 것임이라 만군의 여호와의 열
> 심이 이를 이루시리이다" 이사야 37장 31~32절

31절, 32절이 매우 중요한 말씀입니다. 예수님 나시기 700여 년 전에 쓰이고 선포된 말인데 지금 우리에게도 살아있는 말씀이 바로 37장 31절, 32절 말씀입니다. 바로 '남은 자'에 대한 말씀입니다.

그런데 '남은 자'에 대한 말씀은 이미 했기 때문에 32절 "만군의 여호와의 열심이 이를 이루시리라"라는 말씀에서 요점 되는 말씀 '여호와의 열심'을 살펴봅니다.

하나님의 뜻을 이루시기 위한 하나님의 열심입니다. 중단하지 않으시고, 멈추지 않으시는 하나님의 열심, 구원 역사를 이루기 위한 하나님의 열심, 우리 가정, 우리 교회, 우리 사회를 위한 하나님의 열심이 반드시 있습니다.

'유다 족속 중에 피하여 남은 자는 다시 아래로 뿌리를 박고 위로 열매를 맺으리니.'

밑으로 뿌리 박는 것은 사람들 눈에 안 보이니까 사람들은 모르고 있습니다. 밑으로 뿌리를 내리고 있으니까 희망이 없다고 낙심할 때,

하나님의 역사는 보이지 않게 뿌리를 내리고 있습니다. 탄탄히 뿌리를 내린 뒤에 위로 뻗어 올라갑니다. 거기서 열매를 맺어서 하나님의 일을 이루어 나가시는 겁니다. 그러니까 하나님의 역사는 세월 속에서 이루어집니다. 그래서 신앙생활에서 조급하면 안 됩니다. 지금 뿌리를 내리고 있다고 믿고 기다려야 합니다.

영적인 사람은 느긋하고, 하나님을 신뢰하는 마음으로 흔들림이 없어야 합니다. 내가 해야 할 일을 열심히 하면서 하나님의 열심을 믿고 신뢰해야 합니다.

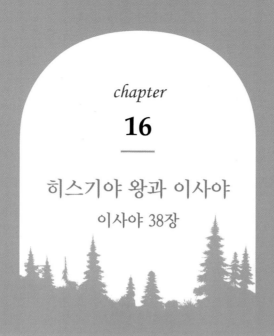

chapter

16

히스기야 왕과 이사야
이사야 38장

"그 때에 히스기야가 병들어 죽게 되니 아모스의 아들 선지자
이사야가 나아가 그에게 이르되 여호와께서 이같이 말씀하시
기를 너는 네 집에 유언하라 네가 죽고 살지 못하리라 하셨나
이다 하니 히스기야가 얼굴을 벽으로 향하고 여호와께 기도하
여 이르되 여호와여 구하오니 내가 주 앞에서 진실과 전심으
로 행하며 주의 목전에서 선하게 행한 것을 기억하옵소서 하
고 히스기야가 심히 통곡하니" 이사야 38장 1~3절

다윗에 버금가는 성군 히스기야 왕이 죽을병에 걸렸습니다. 앗수르
왕 산헤립이 쳐들어와서 유다의 성들을 점령하고 예루살렘까지 위협
하다가 하나님의 전적인 능력으로 구원 받았지만, 아직도 앗수르의 위
협은 계속되고 있고, 백성들은 흔들리는데 그 훌륭한 왕, 히스기야가

병이 들었습니다.

그런데 히스기야가 왕이 참 영적입니다. 하나님의 사람 이사야를 통해 자기가 죽게 된 것을 통보받고 나서 히스기야가 영적인 태도를 취했습니다. 히스기야 왕은 죽음의 벽을 앞에 두고 통곡하며 하나님께 기도하였습니다. 신앙적인 신학자들은 이것을 창조주 하나님께로 자기를 던지는 것이라고 했습니다.

실존주의 철학자들이 쓰는 용어 중에 특별한 것이 있습니다. 벽 앞에서 히스기야가 죽음을 앞두고 기도하던 한계 상황! 인간으로서는 도저히 넘을 수 없는 벽이 한계 상황입니다. 그걸 다섯 가지로 잡았습니다.

> 첫째, 생로병사生老病死. 나서 늙어서 병들어 죽는 것.
> 둘째, 인간은 고독하다는 것.
> 셋째, 인간은 투쟁한다는 것.
> 넷째, 인간은 방황한다는 것.
> 다섯째, 인간은 죄를 짓는다는 것.

성령 충만을 열두 번 받아도 죄는 짓습니다. 그것은 인간이 피할 수 없는 한계 상황입니다. 단지 하나님의 은총으로 용서받은 죄인, 용서받을 수 있는 죄인이 되는 것이지 인간은 죄에서 벗어날 수 없습니다. 그래서 실존주의 철학자들이 그걸 한계 상황으로 규정한 겁니다. 숨쉬고 사는 한 인간은 두렵고 떨림으로 구원을 이루어 나가는 것이 중요한 것이지 죄짓는 것 자체는 피할 수 없습니다.

이사야 38장 1절에서 히스기야는 죽음이라는 한계상황에 부딪혔습니다. 그 사실을 받아들이고 벽 앞에 딱 마주하고 앉아서 기도하였습니다. 세상적인 수단과 방법을 찾아보지 않고, 하나님의 말씀을 그대로 받아들이고 벽 앞에서 기도한 것입니다.

하나님, 내가 죽는 것은 좋습니다. 이 백성들을 어쩔까요? 앗수르는 저렇게 날뛰고, 백성들은 앞뒤를 모르고 있는데 어쩌면 좋겠습니까? 인간으로서 피할 수 없는 죽음이라는 벽 앞에서 통곡합니다. 그런데 이런 격언이 있습니다.

'하나님은 눈물에 약하시다.'

무슨 일이 있을 때 교회에서 골방에서 울어버려요. 울면 하나님의 마음이 흔들리십니다. 울면서 간절히 기도하면 하나님께서 결정했던 것도 재고하신다는 말씀입니다.

> "이에 여호와의 말씀이 이사야에게 임하여 이르시되 너는 가서 히스기야에게 이르기를 네 조상 다윗의 하나님 여호와께서 이같이 말씀하시기를 내가 네 기도를 들었고 네 눈물을 보았노라 내가 네 수한에 십오 년을 더하고 너와 이 성을 앗수르 왕의 손에서 건져내겠고 내가 또 이 성을 보호하리라"
>
> 이사야 38장 4~6절

이 말씀이 요점입니다.

'내가 네 기도를 들었고, 네 눈물을 보았노라'

우리에게 주시는 말씀으로 받을 수 있기를 바랍니다. 하나님께서 히스기야의 생명을 15년 더 연장해 주셨습니다. 죽을병인데 간단히 치료합니다. 무화과 열매를 으깨 가지고 상처에다가 붙였더니 그 악성 종기가 쫙 빠져서 살아났습니다. 간단하잖아요. 그 당시에 가장 흔한 것이 무화과인데...

이것이 이사야서 38장에 나오는 히스기야와 이사야를 통한 하나님의 역사입니다.

하나님이 앗시리아의 군대를 물리치시고, 죽게 된 히스기야를 살리시고, 그 역사를 온 백성들에게 보여주시기 위해서 아주 굉장한 일이 일어났습니다. 이사야 38장 8절입니다. 성경에서 일어난 특별한 사건입니다.

> "보라 아하스의 해시계에 나아갔던 해 그림자를 뒤로 십 도를
> 물러가게 하리라 하셨다 하라 하시더니 이에 해시계에 나아갔
> 던 해의 그림자가 십 도를 물러가니라" 이사야 38장 8절

역사적 사실로도 증명된 하나님의 기적입니다. 이런 기적을 낳은 말씀은 마음 판에 딱 새겨야 합니다.

'내가 네 기도를 들었고, 네 눈물을 보았노라'

우리가 때로는 물질의 벽, 죽음의 벽, 질병의 벽, 상처와 아픔의 벽 앞에 놓일 때 이 말씀을 기억하고 우왕좌왕하고, 이리 뛰고 저리 뛰면서 해결하려고 하지 말고 히스기야처럼 벽 앞에서 통곡하면서 기도할 수 있어야 합니다.

우리의 기도가 하늘 보좌를 움직이고, 하나님이 우리의 기도를 들으시고, 우리 눈물을 보시고, 나라도 교회도, 세상도 바뀌게 할 수 있는 역사가 있게 되기를 바랍니다. 그런 신앙을 가질 수 있어야지, 예수를 그렇게 믿어야지, 뭐 어영부영 믿으면 우리에게 무슨 힘이 있습니까? 이사야서 38장의 하나님의 살아있는 말씀이 오늘 우리에게 살아있는 말씀으로 임하기를 바랍니다.

이사야 40장 1~11절

¹너희의 하나님이 이르시되 너희는 위로하라 내 백성을 위로 하라 ²너희는 예루살렘의 마음에 닿도록 말하며 그것에게 외 치라 그 노역의 때가 끝났고 그 죄악이 사함을 받았느니라 그 의 모든 죄로 말미암아 여호와의 손에서 벌을 배나 받았느니 라 할지니라 하시니라 ³외치는 자의 소리여 이르되 너희는 광 야에서 여호와의 길을 예비하라 사막에서 우리 하나님의 대로 를 평탄하게 하라 ⁴골짜기마다 돋우어지며 산마다, 언덕마다 낮아지며 고르지 아니한 곳이 평탄하게 되며 험한 곳이 평지 가 될 것이요 ⁵여호와의 영광이 나타나고 모든 육체가 그것을 함께 보리라 이는 여호와의 입이 말씀하셨느니라 ⁶말하는 자 의 소리여 이르되 외치라 대답하되 내가 무엇이라 외치리이까 하니 이르되 모든 육체는 풀이요 그의 모든 아름다움은 들의

꽃과 같으니 ⁷풀은 마르고 꽃이 시듦은 여호와의 기운이 그 위에 붊이라 이 백성은 실로 풀이로다 ⁸풀은 마르고 꽃은 시드나 우리 하나님의 말씀은 영원히 서리라 하라 ⁹아름다운 소식을 시온에 전하는 자여 너는 높은 산에 오르라 아름다운 소식을 예루살렘에 전하는 자여 너는 힘써 소리를 높이라 두려워하지 말고 소리를 높여 유다의 성읍들에게 이르기를 너희의 하나님을 보라 하라 ¹⁰보라 주 여호와께서 장차 강한 자로 임하실 것이요 친히 그의 팔로 다스리실 것이라 보라 상급이 그에게 있고 보응이 그의 앞에 있으며 ¹¹그는 목자 같이 양 떼를 먹이시며 어린 양을 그 팔로 모아 품에 안으시며 젖먹이는 암컷들을 온순히 인도하시리로다

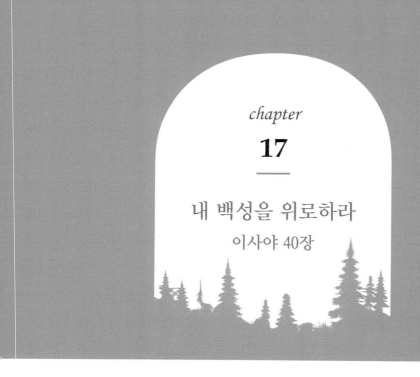

chapter

17

내 백성을 위로하라
이사야 40장

개론에서 말했듯이 이사야서는 전편, 후편으로 갈라집니다. 전체 66장에서 1장에서 39장까지는 전편, 내용으로 봐서는 구약에 해당합니다. 40장부터 66장까지 27장은 후편인데 내용으로 봐서 신약에 해당합니다. 전편 39장은 구약의 39권과 같이 책망, 징계, 심판이 중심이고 후편 27장은 신약의 27권과 같이 위로, 용서, 소망이 중심을 이룹니다.

하나님은 예언자들을 통하여 하나님의 심판을 말씀하시고 회개를 촉구하시며 대화를 원하십니다. 또 그들을 통하여 용서와 구원을 선포하십니다. 이 예언자들의 전통은 오직 기독교에만 있습니다.

이사야를 비롯한 예언자들이 남겨놓은 성경이 예언서입니다. 구약 성경에 16권이 있습니다. 예언 운동은 BC. 9세기에서 BC. 5세기까지 500년간 계속되었습니다. 그런데 BC. 5세기에서 BC. 1세기까지 예언이 사라졌습니다. 이 400년간을 침묵기라고 합니다. 400년 만에 등장한 인물이 바로 '광야에서 외치는 소리' 세례 요한입니다.

예언자 운동은 솔로몬 왕으로부터 시작되었습니다. 지혜의 왕이라는 솔로몬이 700명의 후궁과 300명의 첩을 두었는데 이들이 솔로몬을 변질시켰습니다. 젊은 나이에 왕이 된 솔로몬이 하나님께 지혜를 구하여 전반부에는 지혜로운 왕에서 후반부에는 온갖 잡신을 가지고 왕궁에 들어온 여자들로 인해, 어리석은 왕이 되었습니다. 잡신들로 인해 영적으로 어두워지니 당연한 결과지요.

> "왕은 후궁이 칠백 명이요 첩이 삼백 명이라 그의 여인들이 왕의 마음을 돌아서게 하였더라 솔로몬의 나이가 많을 때에 그의 여인들이 그의 마음을 돌려 다른 신들을 따르게 하였으므로 왕의 마음이 그의 아버지 다윗의 마음과 같지 아니하여 그의 하나님 여호와 앞에 온전하지 못하였으니 이는 시돈 사람의 여신 아스다롯을 따르고 암몬 사람의 가증한 밀곰을 따름이라 솔로몬이 여호와의 눈앞에서 악을 행하여 그의 아버지 다윗이 여호와를 온전히 따름 같이 따르지 아니하고" 열왕기상
> 11장 3~6절

솔로몬 왕이 후반부 시대에 세 가지 어리석은 정치를 하였습니다.

첫째는 우상숭배 하는 풍조가 일어나 영이 어두워지며 도덕성이 타락했습니다.

둘째는 막대한 토목공사로 백성들의 원망이 높았습니다. 솔로몬 성

전을 짓는데 7년, 왕궁을 짓는데 13년, 합해서 20년이 걸렸습니다. 여기에 동원된 백성들의 원망이 심했습니다.

셋째는 과중한 세금이었습니다. 대규모 토목 공사에는 비용이 따르고 이 비용을 백성들이 부담해야 하니 반발이 일어났습니다.

하나님이 다윗을 생각해서 솔로몬 시대에는 나라가 보존되었으나 솔로몬이 왕이 된지 40년 만에 죽자, 나라가 남북으로 분열되었습니다. 솔로몬의 아들 르호보암이 젊은 나이에 왕이 되어 세겜에서 왕위를 이어받는 예식을 할 때 백성들의 대표가 솔로몬 왕이 과중한 부역과 세금으로 백성들에게 무거운 멍에를 지게 하였으니, 멍에를 가볍게 해달라고 요구하였습니다. 그런데 르호보암이 나이 많은 노인들의 지혜로운 자문을 버리고 세상 물정 모르는 자기 또래 친구들의 말을 듣고 멍에를 더 무겁게 하는 강경정책으로 10지파가 독립해 버렸습니다.

결국 유다와 베냐민 두 지파를 다스리는 르호보암의 남왕국과 여로보암이 다스리는 북이스라엘로 분열되었는데 이때부터 하나님을 배반하고 타락하자 예언자들이 등장했습니다.

1기 예언자는 북이스라엘이 앗시리아에게 망하는 전후까지 활동했던 아모스, 호세아, 이사야, 미가, 요나, 요엘 이렇게 6명입니다. 북 이스라엘이 하나님을 배반하여 앗시리아 망했는데 그들은 포로가 되어 앗시리아에 끌려가 영영 돌아오지 못했습니다.

2기는 남유다가 멸망하기 전후 백여 년간 활약했던 예언자들인데 예레미야가 가장 대표적입니다. 유다가 부패하고 우상 숭배하고 가난한 자를 학대하니까 다시 예언자들이 나타나, 오직 하나님만을 섬기라고 눈물로 호소했지만 듣지 않아 결국 바벨론에게 멸망 당하고 포로로 끌려갔습니다.

제3기는 바벨론에 포로로 잡혀가서 포로 생활하다가 하나님의 은혜로 돌아와서 새로운 나라를 세웠는데 그때 활약했던 예언자들이 에스겔, 다니엘, 하박국, 말라기까지의 예언자들입니다.

남왕국 유다에서 활동하던 이사야는 앗시리아의 침략으로 북왕국 이스라엘이 망해가고 남왕국 유다도 망할 짓만 하자 회개를 촉구하고 공평과 정의의 기초위에 세워지는 하나님 나라에 대한 비전을 선포하고 있습니다.

> "너희의 하나님이 이르시되 너희는 위로하라 내 백성을 위로하라 너희는 예루살렘의 마음에 닿도록 말하며 그것에게 외치라 그 노역의 때가 끝났고 그 죄악이 사함을 받았느니라 그의 모든 죄로 말미암아 여호와의 손에서 벌을 배나 받았느니라 할지니라 하시니라" 이사야 40장 1~2절

40장은 이스라엘에게 기회와 소망을 주시는 하나님의 귀한 말씀입니다. 1절 말씀이 히브리어 성경 원문에는 동사가 먼저 나오기 때문에 '위로하라, 위로하라 내 백성을 위로하라' 이렇게 전개됩니다.

'위로하라'가 히브리어로 '나하무'이고 내 백성이 히브리어로 '암미'입니다. 그래서 '나하무 나하무 암미'입니다

2절 말씀이 큰 위로의 말씀입니다. 그동안에 책망 듣고 심판받고 고생했던 것, 이제 때가 지나 은혜의 때, 용서와 축복의 때가 왔다고 용서와 소망의 말씀을 주십니다.

'그 죄악이 사함을 받았느니라.'

시대가 바뀌었다. 하나님 앞에서 불순종하고 책망받고 하던 그 시대는 지나고 이제 내가 너희를 용서하고 너희를 받아주겠다고 하십니다. 오늘 우리에게도 같은 말씀으로 주시는 격려와 용서의 말씀입니다. 이런 말씀 때문에 우리는 소망의 삶을 살 수 있습니다.

하나님께서 지난날의 허물과 죄, 책망, 심판, 다 용서하시고 없던 것으로 했으니, 이제부터 새로운 시대가 옵니다. 그러면 하나님이 다 용서하고 받아주셨으니까, 우리가 해야 할 일이 무엇입니까? 3절입니다.

> "외치는 자의 소리여 이르되 너희는 광야에서 여호와의 길을
> 예비하라 사막에서 우리 하나님의 대로를 평탄하게 하라"
>
> 이사야 40장 3절

'사막에 큰길을 닦고 사막이 평탄하게 하라.'

짐승 떼가 우글거리고 독사, 전갈이 우글거리던 그 땅을 사람들이 살만한 젖과 꿀이 흐르는 복지로 만들라는 말씀입니다. 하나님이 지난날의 허물을 다 사하시고는 이제 사막에 길을 닦고 평탄하게 해서 하나님의 역사를 이루는 데에 너희가 헌신하라고 하십니다. 그래서 마지막 절, 40장 마지막 절이 오늘 우리에게 위로의 말씀으로 주시는 귀한

말씀입니다.

"오직 여호와를 앙망하는 자는 새 힘을 얻으리니 독수리가 날
개치며 올라감 같을 것이요 달음박질하여도 곤비하지 아니하
겠고 걸어가도 피곤하지 아니하리로다" 이사야 40장 31절

옛날에는 기력이 없어서 몇 걸음 떼고 한숨 쉬고 비실비실했는데 이
제는 여호와께서 지난날의 허물과 죄는 다 용서하셨으니 새로운 역사
가 시작됩니다.

'독수리가 하늘에 날개를 치며 하늘을 솟아오르듯이 새 힘으로 네가
출발할 것이다. 달음질해도 피곤하지 아니하겠고 걸어가도 피곤하지
아니하리라.'

하나님이 함께하시니까 그렇게 힘을 주십니다. 참 위로의 말씀이지
요. 하나님께서 지금 우리에게도 같은 약속으로 말씀하십니다.

얼마나 귀한 약속입니까? 그 약속이 우리에게도 그대로 해당합니
다. 나이와 관계없이 날마다 힘을 얻고 하늘을 나는 독수리처럼 미래
를 향해서 희망을 품고 전진하는 우리가 될 수 있기를 바랍니다.

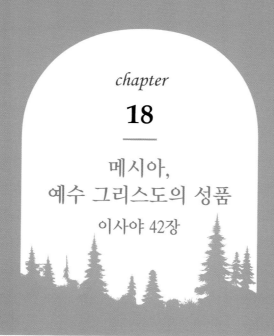

메시아,
예수 그리스도의 성품
이사야 42장

"내가 붙드는 나의 종, 내 마음에 기뻐하는 자 곧 내가 택한 사람을 보라 내가 나의 영을 그에게 주었은즉 그가 이방에 정의를 베풀리라 그는 외치지 아니하며 목소리를 높이지 아니하며 그 소리를 거리에 들리게 하지 아니하며 상한 갈대를 꺾지 아니하며 꺼져가는 등불을 끄지 아니하고 진실로 정의를 시행할 것이며 그는 쇠하지 아니하며 낙담하지 아니하고 세상에 정의를 세우기에 이르리니 섬들이 그 교훈을 앙망하리라" 이사야 42장 1~4절

예수님의 성품에 대한 예언의 말씀입니다. 예수님이 오셔서 행하신 모습을 보고 적은 신약의 말씀이 아니라 오시기 700년 전에 기록해 놓으신 예언의 말씀입니다.

"내가 붙드는 나의 종, 내 마음에 기뻐하는 자 곧 내가 택한 사람을 보라 내가 나의 영을 그에게 주었은즉 그가 이방에 정의를 베풀리라." 이렇게 위로와 축복이 나가는데

'나의 종', '기뻐하는 자', '내가 택한 사람'은 전부 메시아, 그리스도를 말합니다. 그는 방 안에서 말할 때 밖에 들리지 않게 한다고 하셨습니다. 나는 개인적으로 이 말씀을 매우 좋아합니다.

'그는 외치지 아니하며 목소리를 높이지 아니하며 그 소리를 거리에 들리게 하지 아니하며.'

예수님은 아주 낮은 목소리로 부드럽고 조용조용한 목소리로 말씀하신다는 거지요. 내가 설교를 조용조용하게 하는 것은 예수님 스타일입니다. 낮은 목소리가 설득력이 있습니다.

낮은 목소리로 성경 공부하고, 설교하면 뒤쪽에 앉은 사람이 잘 안 들린다고 하는 경우가 있습니다. 그러면 내가 앞자리로 오라 합니다. 목소리를 높이면 에너지도 많이 소비되고, 정신없이 듣고 가면 집에 가서 잊어버린다고 생각해서 차분하게 합니다.

'상한 갈대를 꺾지 아니하며 꺼져가는 등불을 끄지 아니하고 진실로 정의를 시행할 것이며.'

예수님은 한 영혼 한 영혼, 상한 심령을 소중히 여기십니다. 상처 받은 영혼을 품어주고 꺼져가는 등불도 꺼지지 않도록 품에 품어주는 메시아십니다. 상한 갈대를 꺾지 아니하며 꺼져가는 등불을 끄지 아니하시는 예수님의 자비는 교회가 본받아야 할 귀한 성품입니다.

교회는 사장님이나 수위나 사기꾼이나 성자나 누구에게나 "하나님

의 사랑으로 환영합니다"라고 해야 합니다. 사기꾼이라고 몰아내면 안 됩니다. 구별을 두어서는 안 된다는 말입니다. 물론 교인들이 피해를 당하지 않도록 조심해야 합니다.

이사야서를 읽으면서 예수님에 대한 성품, 예수님의 모습을 바로 보지 못하고 지나가니까 성경이 지루해지고 깊이 들어가지를 못합니다. 그 예수님과 나의 신앙고백과 연결이 되어야 합니다. 그래서 아멘하고 읽으면 성경에 대한 깨달음이 깊어집니다.

이사야 25장 8절은 고난당하시고 죽으시고 부활하신 예수님이 메시아로서 우리 믿는 백성에게 구원을 베푸시는 예언의 말씀입니다.

"사망을 영원히 멸하실 것이라 주 여호와께서 모든 얼굴에서 눈물을 씻기시며 자기 백성의 수치를 온 천하에서 제하시리라 여호와께서 이같이 말씀하셨느니라."

모든 백성들의 눈에서 눈물을 씻겨주시고, 슬픔을 대신 지시는 예수님의 사역, 예수님의 성품을 말씀합니다.

"그는 멸시를 받아 사람들에게 버림 받았으며 간고를 많이 겪었으며 질고를 아는 자라 마치 사람들이 그에게서 얼굴을 가리는 것 같이 멸시를 당하였고 우리도 그를 귀히 여기지 아니하였도다."

이사야서 53장 3절에서도 역시 우리의 아픔과 질고를 아시는 예수님의 성품에 대해 말씀하십니다. 이사야서 53장은 메시아에 대해 모든 것이 들어있다고 해서 메시아 예언장이라 불립니다.

"간고를 많이 겪었으며 질고를 아는 자라"라는 말씀은 서민들의 인생살이, 질고를 아신다는 말씀입니다. 그 당시에 무슨 의료 체계가 있습니까? 보험이 있습니까? 병원이 제대로 있습니까? 예수님이 사셨던 갈릴리 나사렛 지역은 변두리의 빈촌입니다. 거기 사시면서 서민들의 간난신고, 질병, 고통을 친히 아시는 겁니다.

내가 청계천 빈민촌에 들어가서 선교하는데 집마다 환자가 없는 집이 없습니다. 특별히 결핵이 그렇게 많아서 감당하다가 힘들어, 버스에 엑스레이 기계를 싣고 다니며 진찰해 주는 결핵협회 차 두 대를 교섭했습니다. 청계천 우리 선교 구역 이쪽 끝에 한 대, 저쪽 끝에 한 대, 두 대를 가져다 놓고 미리 광고해서 주민들 전체 가슴을 다 찍었습니다.

나중에 결핵협회에서 우리 지역의 결핵 환자가 이백칠십삼 명이라는 검사 결과가 나왔습니다. 그걸 동 사무소 주민등록표처럼 카드를 다 해놓고 교회에서 간호사 한 명을 직원으로 채용해서 결핵협회에서 무료로 주는 일차 약을 나누어주었습니다. 그걸로 정기적으로 치료를 하는데, 문제는 결핵약을 먹기 시작하면 일 년 이상 완치될 때까지 먹어야 하는데 좀 낫는다 싶으면 약을 안 먹어요. 그러면 괜찮다가 재발합니다. 재발하면 이차 약을 써야 하는데 이차 약은 정부에서 주지 않습니다. 자기 돈으로 사 먹어야 합니다.

일차 때는 '스트렙토마이신'이라는 주사를 결핵협회에서 받아서 간호사가 주사 놓으면 되는데, 결핵약을 먹다가 끊어서 나중에 재발하면 그 주사약이 안 들어 그때는 '카나마이신'이라는 이차 주사를 쓰는데 그건 비쌉니다. 그 사람들이 돈이 없으니까, 교회에서 사서 주사 놓아 드려야 합니다.

그러니까 환자가 답답한 것이 아니라 교회가 더 답답해요. 더 비싼 약을 사다가 치료해야 하니까요. 나중에 내가 심방 다니면서 결핵약을 먹었는지 안 먹었는지 확인합니다.

"약 드셨지요. 오늘 약 드셨지요."

"아, 먹었지요."

그런데 나오다가 보면 쓰레기통에 약봉지가 그냥 버려져 있어요. 그래서 왜 안 드시냐고 하면 다 나았대요. 그러다가 얼마 지나면 재발하는 겁니다. 서민들에게는 질병, 고통, 이런 병들이 많이 있습니다.

내가 이렇게 빈민, 서민들이 모여 사는 동네에서 아픈 사람을 매일 대하면서 얼마나 답답하고 가슴이 아팠는지 모릅니다. 서울의 어떤 능력 있는 목사는 폐병도 기도하면 감기 낫듯이 고쳐진다고 하는데 나도 좀 능력이 많아서 기도로 고쳐지면 좋겠는데 아무리 기도해도 안 낫는 거예요. 할 수 없이 업고 병원에 데리고 다니면서 치료받게 하느라 고생고생하다가 깨달았습니다.

'아~ 나는 기도로 병 고치는 능력은 없어도 병원에 데리고 다니면서 병 고치는 능력을 주셨구나!'

다시 한번 이사야 42장 3절 말씀으로 위로를 받기 바랍니다. 예수님은 우리 연약함과 고통을 다 아시고 대신 지고 가셨습니다.

"상한 갈대를 꺾지 아니하며 꺼져가는 등불을 끄지 아니하고 진실로 정의를 시행할 것이며" 이사야 42장 3절

이사야 43장 1~21절

¹야곱아 너를 창조하신 여호와께서 지금 말씀하시느니라 이스라엘아 너를 지으신 이가 말씀하시느니라 너는 두려워하지 말라 내가 너를 구속하였고 내가 너를 지명하여 불렀나니 너는 내 것이라 ²네가 물 가운데로 지날 때에 내가 너와 함께 할 것이라 강을 건널 때에 물이 너를 침몰하지 못할 것이며 네가 불 가운데로 지날 때에 타지도 아니할 것이요 불꽃이 너를 사르지도 못하리니 ³대저 나는 여호와 네 하나님이요 이스라엘의 거룩한 이요 네 구원자임이라 내가 애굽을 너의 속량물로, 구스와 스바를 너를 대신하여 주었노라 ⁴네가 내 눈에 보배롭고 존귀하며 내가 너를 사랑하였은즉 내가 네 대신 사람들을 내어 주며 백성들이 네 생명을 대신하리니 ⁵두려워하지 말라 내가 너와 함께 하여 네 자손을 동쪽에서부터 오게 하며 서쪽에

서부터 너를 모을 것이며 [6]내가 북쪽에게 이르기를 내놓으라 남쪽에게 이르기를 가두어 두지 말라 내 아들들을 먼 곳에서 이끌며 내 딸들을 땅 끝에서 오게 하며 [7]내 이름으로 불려지는 모든 자 곧 내가 내 영광을 위하여 창조한 자를 오게 하라 그를 내가 지었고 그를 내가 만들었느니라 [8]눈이 있어도 보지 못하고 귀가 있어도 듣지 못하는 백성을 이끌어 내라 [9]열방은 모였으며 민족들이 회집하였는데 그들 중에 누가 이 일을 알려 주며 이전 일들을 우리에게 들려 주겠느냐 그들이 그들의 증인을 세워서 자기들의 옳음을 나타내고 듣는 자들이 옳다고 말하게 하여 보라 [10]나 여호와가 말하노라 너희는 나의 증인, 나의 종으로 택함을 입었나니 이는 너희가 나를 알고 믿으며 내가 그인 줄 깨닫게 하려 함이라 나의 전에 지음을 받은 신이 없었느니라 나의 후에도 없으리라 [11]나 곧 나는 여호와라 나 외에 구원자가 없느니라 [12]내가 알려 주었으며 구원하였으며 보였고 너희 중에 다른 신이 없었나니 그러므로 너희는 나의 증인이요 나는 하나님이니라 여호와의 말씀이니라 [13]과연 태초로부터 나는 그이니 내 손에서 건질 자가 없도다 내가 행하

리니 누가 막으리요 ¹⁴너희의 구속자요 이스라엘의 거룩한 이 여호와가 말하노라 너희를 위하여 내가 바벨론에 사람을 보내어 모든 갈대아 사람에게 자기들이 연락하던 배를 타고 도망하여 내려가게 하리라 ¹⁵나는 여호와 너희의 거룩한 이요 이스라엘의 창조자요 너희의 왕이니라 ¹⁶나 여호와가 이같이 말하노라 바다 가운데에 길을, 큰 물 가운데에 지름길을 내고 ¹⁷병거와 말과 군대의 용사를 이끌어 내어 그들이 일시에 엎드러져 일어나지 못하고 소멸하기를 꺼져가는 등불 같게 하였느니라 ¹⁸너희는 이전 일을 기억하지 말며 옛날 일을 생각하지 말라 ¹⁹보라 내가 새 일을 행하리니 이제 나타낼 것이라 너희가 그것을 알지 못하겠느냐 반드시 내가 광야에 길을 사막에 강을 내리니 ²⁰장차 들짐승 곧 승냥이와 타조도 나를 존경할 것은 내가 광야에 물을, 사막에 강들을 내어 내 백성, 내가 택한 자에게 마시게 할 것임이라 ²¹이 백성은 내가 나를 위하여 지었나니 나를 찬송하게 하려 함이니라

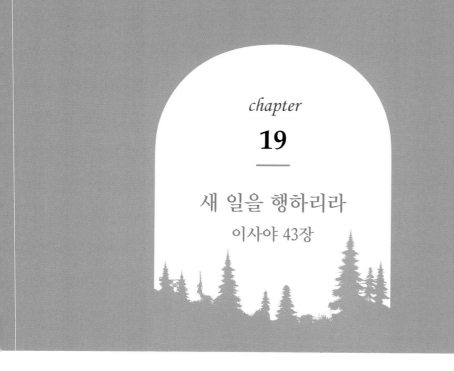

chapter

19

새 일을 행하리라
이사야 43장

"야곱아 너를 창조하신 여호와께서 지금 말씀하시느니라 이스
라엘아 너를 지으신 이가 말씀하시느니라 너는 두려워하지 말
라 내가 너를 구속하였고 내가 너를 지명하여 불렀나니 너는
내 것이라" 이사야 43장 1절

하나님의 자녀들을 통칭해서 '야곱아' 이렇게 부릅니다. '너를 창조
하신 여호와께서 지금 말씀하시느니라'라는 말씀이 우리에게 중요한
것이 이 말씀을 그대로 받아들이면 지금 여호와께서 우리에게 말씀하
시는 살아있는 말씀이 됩니다. 그래서 우리가 성경을 지금 말씀하시는
하나님의 말씀으로 받아들여야 합니다. 옛날에 쓰인 글인데 지금 나에
게 무엇을 말씀하시는가? 성경을 읽는 중요한 요점입니다.
　'너는 내 것이라 너를 지명하여 불렀다.'

한 사람, 한 사람 딱 집어서 불러내셨습니다. 이것이 영적 세계의 신비입니다.

'엄청나신 하나님, 온 우주를 지으시고 다스리시고 경영하시는 하나님이 나를 직접 불렀다. 딱 찍어서 불러내었다. 나를 하나님이 그렇게 관심 가지시고 사랑하시고 값을 치르시고 나를 구원하셨다.'

이것이 영적 세계의 신비이고 비밀이며 은총입니다. 나를 지명하여 부르신 하나님께서 지금 나에게 말씀하십니다. 그중에서 특별히 18절에서 21절까지가 이사야서 전체의 요점이 되는 중요한 말씀입니다.

"너희는 이전 일을 기억하지 말며 옛날 일을 생각하지 말라 보라 내가 새 일을 행하리니 이제 나타낼 것이라 너희가 그것을 알지 못하겠느냐 반드시 내가 광야에 길을 사막에 강을 내리니 장차 들짐승 곧 승냥이와 타조도 나를 존경할 것은 내가 광야에 물을, 사막에 강들을 내어 내 백성, 내가 택한 자에게 마시게 할 것임이라 이 백성은 내가 나를 위하여 지었나니 나를 찬송하게 하려 함이니라" 이사야 43장 18~21절

이사야 43장 18절에서 21절의 말씀을 온몸으로 받아들여 체득해야 합니다. 몸 '체_體'자, 얻을 '득_得'자, 온몸으로 받아들여서 자신의 말로, 우리의 말씀으로 받아들일 수 있어야 신앙생활에 깊이가 있고 열매가 있습니다. 18절을 왜 강조하느냐 하면 우리를 지으시고 지명하여 부르시고 구원하신 하나님께서 지금 나에게 딱 찍어서 말씀하십니다.

'너는 이전 일을 기억하지 말아라. 옛날 일을 생각하지 말아라.'

서양에 '과거는 미래의 적이다'라는 속담이 있습니다. 과거에 매이는 사람은 미래가 닫힙니다. 그런데 우리 사회, 정치나 문화나 우리 풍토는 너무 과거에 매이는 나쁜 버릇이 있습니다. 정권이 바뀔 때마다 자꾸 옛날 걸 들춰내고 과거에 매이다 보면 미래가 열리지 않습니다.

성경적 사고, 히브리적 사고방식이 왜 중요하냐? 철두철미하게 미래지향적입니다. 과거는 십자가 밑에 다 묻고 부활하신 예수님과 더불어 미래를 보고 나아가라. 이것이 성경 신앙의 요점입니다. 그래서 18절 '너는 지나간 일 이전 일을 기억하지 말아라' 왜냐? 너희 허물과 죄를 하나님이 기억도 안 하신다. 하나님은 기억하지 아니하시고 기회를 주시는데 우리는 자꾸 과거에 매여서 그걸로 인해서 우울증 걸리고 의기소침해지고 '아이고, 내 주제에' 하며 자꾸 매이게 됩니다. 정신적으로, 영적으로, 정서적으로 아주 해롭습니다.

'이전 일을 기억하지 말아라, 옛날 일을 생각하지 말아라, 과거에 얻었던 습관, 사고방식, 상처, 아픔, 다 버려라, 그건 전부 십자가 밑에 묻어버려라.'

왜 그렇습니까? 갈라디아서 2장 20절에 예수님이 죽으실 때 내가 같이 죽었기 때문입니다. 이것이 복음의 신비입니다. 지금 우리가 2024년 한국 땅에 살고 있는데 이천여 년 전에 예수님이 십자가에 죽으실 때에 나도 같이 죽었습니다.

그리고 예수님이 죽음을 이기시고 무덤을 깨시고 부활하실 때 나도 같이 부활했습니다. 옛날의 허물과 상처와 아픔, 원망을 십자가에 묻어버렸습니다. 예수님이 십자가에 죽으실 때 그런 건 다 죽었어요. 이 말씀에 진심으로 "아멘"으로 신앙고백해야 합니다. 기독교 신앙에서 아주아주 중요한 것인데 대충 넘어가면 절대 안 됩니다.

그리고 새롭게 시작하는 겁니다. 새롭게 출발하는 겁니다. 그래서 19절, 첫 마디가 '보라' 명령문입니다. 명령문은 항상 동사가 앞에 나오지요.

'보라 내가 새 일을 행하리라.'

하나님께서 우리와 더불어 새로운 일을 시작하십니다. 이것이 우리 신앙인이 가지는 특권이고 축복입니다. 그 새로운 일이 어떤 일이냐? 우리들의 삶을 통하여, 역사를 통하여 새로운 일이 이제 나타날 것인데 현재로서는 우리가 잘 모릅니다. 하나님이 우리를 통해서 이루시고자 하시는 새 일, 그걸 우리의 지식과 경험으로는 다 알 수가 없지요. 그래서 예레미야 33장 3절이 있는 것입니다.

"너는 내게 부르짖으라 내가 네게 응답하겠고 네가 알지 못하는 크고 은밀한 일을 네게 보이리라" 예레미야 33장 3절

우리가 부르짖으면 하나님이 응답하시는데 어떻게 응답하십니까? '너희가 생각하지 못하고 기대하지 못하는 놀라운 것을 보여줄 것이다. 너희들의 삶을 통하여서 보여줄 것이다.'

그래서 신앙인들은 예수님을 영접하고 성령을 받는 그 순간, 새로운 일이 시작되는 겁니다. 부족한 우리를 통하여 하나님이 새 일을 시작하십니다. 이사야 43장 19절에서는 그 새 일을 '내가 광야에 길을, 사막에 강을 낸다'라고 하십니다. 히브리인들, 유대인들의 사고방식이 미래지향적인 것이 이 말씀을 믿고 새 역사를 이루었습니다. 유다 사막은 황무지입니다. 불뱀이 득실거리고 전갈이 있고, 짐승들이 다니는, 마실 수 있는 물이 없는 사막입니다.

'사막에 길을 뚫고, 사막에 강물이 흐르게 하리라.'

1948년에 나라를 세운 이후에 유대인들은 그걸 몸으로 실천했습니다. 사막에 4백 킬로의 물길을 끌어들이고, 사막에 농로를 열고, 길을 뚫었습니다. 내가 한 이십 년 전 이스라엘 키브츠, 협동 농장을 갔습니다. 농림부 차관이 나를 안내하는데 그 사막 땅에 농사를 지어서 수출하고 식량 자립을 할뿐 아니라 수출을 많이 하는 것이 놀라워서 이 사막에 어떻게 이런 일을 이루었는지 물었습니다. 그랬더니 당신, 코리아에서 뭐하는 사람이냐고 합니다. 그래서 농촌에서 공동체 마을 하는 목사라고 했더니 그럼 나하고 통하겠다면서 설명해 주었습니다.

우리가 이 사막을 옥토로 만든 것은 '토라 농법'을 활용해서 성공한 것이니 이사야서 43장 18절부터 21절을 한번 읽어보라. 이것이 우리 말씀 농법의 기준이라고 해서 그 자리에서 성경을 펴서 읽었습니다. 그때 읽은 말씀이 18절에서 21절 말씀입니다. 이 말씀을 그 사람이 설명을 해주었습니다.

'이것이 우리 농사에 어떻게 적용된 줄 아냐? 사막에는 농사가 안 된다는 사고방식을 버리고 이 사막 땅에 새로운 농업, 새로운 삶의 터전, 젖과 꿀이 흐르는 복지를 이루겠다고 받아들였다. 광야에 길을, 사막에 강 수로를 낸다는 말씀을 적용해서 갈릴리 호수에 수로관을 묻어서 사백 킬로를 끌어들였다. 그리고 사막에 길, 농로를 만들어서 트랙터가 다니게 했다. 그래야 살아있는 말씀이고 하나님의 말씀이다.'

이것입니다. 43장 1절에 뭐라 그랬습니까?

'너를 창조하신 여호와께서 지금 말씀하신다.'

옛날 이야기가 아니라는 것입니다. 이스라엘 사람들은 이 말씀을 현재 하시는 말씀으로 받아들여서 새로운 산업을 일으키는 역사를 이루어 냈습니다.

130년 전 시작한 한국 교회가 한국 현대사에 정말 절대적인 역할을 했습니다. 한국교회가 없는 한국 현대사는 생각할 수 없습니다. 중요한 것은 지나간 130년이 아니라 앞으로 다가오는 100년입니다. 앞으로 다가오는 백 년간 우리 한국 교회는 우리 역사 속에서 어떤 사명을 감당해야 할 것인가? 이사야서 43장 18절에서 21절 사이에 우리가 감당해야 할 시대적 사명을 일러주십니다.

현실만 보고 낙심해서는 안 됩니다. 정치가 망가지고, 경제가 망가지고, 교육은 황폐해지고 있다고 해서 여기에 머물러서는 안 됩니다. 하나님이 이땅에서 한국 교회를 통해서 행하시는 새일을 바라볼 수 있는 영의 눈이 열려야 합니다. 비전을 가져야 합니다.

이사야서를 희망의 책, 꿈꾸는 사람들의 책이라고 합니다. 이사야서를 읽으면서 비전을 주시는 메시아를 만나야 제대로 읽은 것입니다.

"이 백성은 내가 나를 위하여 지었나니 나를 찬송하게 하려 함
이니라" 이사야 43장 21절

하나님이 우리를 부르시고 새일을 행하시는 목적입니다. 하나님께
서는 이사야 43장 21절이 이루어지기를 기다리십니다.

하나님이 한국 교회를 통해서, 한국 교회의 성도들을 통해서 그 일
을 행하시는 목적이 21절에 있습니다. 한국교회 교인들을 통하여, 하
나님이 찬송 받으시기를 기대하고 계십니다. 한국 교회는 하나님께
서 하나님 자신을 위해서 지었습니다. 하나님 자신이 이 한반도가 통
일 한국이 된 뒤에 온 세계에, 오대양 육대주에 복음을 전하는 선교 한
국, 성경의 말씀 위에 세워지는 나라. 성서 한국을 세우기를 원하십니
다. 성서 한국을 세우시고, 선교 한국을 통해서 하나님을 찬송하는 나

라, 하나님을 찬송하는 교회, 하나님을 찬송하는 백성이 되기를 원합니다.

성경 말씀을 읽을 때, 특히 이런 보석 같은 말씀을 읽을 때는 지금의 나에게, 지금의 한국 교회에, 한국 교회의 성도들에게 주시는 말씀으로 받으면 하나님께서 기뻐하십니다.

하나님은 찬송 받으시기를 기뻐하시는 하나님이라고 시편에 그렇게 기록했습니다. 그래서 구약 시대부터 지금까지 어느 곳이든지 교회가 서는 곳, 기독교가 들어가는 곳에는 음악이 발전합니다.

이스라엘 사람들이 옛날 예루살렘 성전에서 예배드릴 때 성가대가 무려 이백팔십팔 명이었습니다. 구약 시대에 이백팔십팔 명의 성가대가 하나님 찬양하였습니다. 찬양으로 시작해서 찬양으로 마칩니다. 왜냐하면, 하나님이 이스라엘 백성을 축복하시고 사막에 농로를, 강을 열게 하시고 이끌어주시는 것이 하나님을 찬양하게 하기 위함이라고 하셨으니까요.

우리가 하나님이 임재하시는 영적 체험을 하고 나면 저절로 입에서 찬양이 나옵니다. 은혜 받으면 찬양이 나오고 마음에 기쁨이 솟아오르고 하늘을 봐도 감사하고, 땅을 봐도 감사하고, 그래서 은혜 받은 사람의 세 가지 특징이 있습니다.

마음에 기쁨이 넘칩니다.

온몸에서 감사가 솟아 나옵니다.

입술에는 찬양이 넘칩니다.

은혜받은 사람의 특징입니다. 주머니에 돈은 없고 먼지만 들어 있어도 하나님으로 인하여 감사할 수 있어야 합니다. 우리 주위에 걱정거리, 근심거리가 깔렸어도 하나님으로 인하여 기쁨이 깃들기를 바랍니다. 은혜받으면 기뻐요. 그냥 기쁜 겁니다. 이유가 없습니다. 그리고 찬양이 나오는 것입니다.

'옛날 일을 잊어버려라. 내가 너의 허물과 죄를 기억도 안 하기로 했다. 옛날에 못났던 것, 실수한 것, 상처받은 것, 다 잊어버려라. 이전 일을 기억하지 말며 옛날 사고방식도 버려라. 보라 내가 새 일을 행한다.'

우리를 통해서 하나님께서 지금 새로운 일을 하시기를 원하십니다. 거기에 우리가 겸손함으로 감사함으로 순종해야 합니다. 다른 일에 부지런 떨지 말고 우리를 통해서 이루시고자 하시는 하나님의 일에 열정을 다 바칩시다. 부지런히 갈고 닦고 열심을 다 합시다. 그러면 하늘에서 임하는 감사와 기쁨이 우리 영혼에 깃듭니다. 그러면 사는 것이 신바람 납니다. 그렇게 신명 나게 살다가 천국으로 딱! 가는 것입니다.

천국에 내 이름이 예약된 것을 믿어야 합니다. 천국에 갔는데 김진홍 문패가 달려있습니다. 미리, 예약이 되어 있습니다. 생각만 해도 신나고 힘이 납니다. 그러니 이땅에 사는 동안에 하나님이 주신 은혜를 누리고 하나님을 찬양하고 우리를 통해서 하나님이 이루시고자 하시는 새로운 일을 열심히 하다가 가야 합니다.

지금 우리에게 주시는 살아계신 하나님이 살아있는 말씀으로 받아 미래를 바라보고 전진하면 됩니다. 과거에 멍청한 짓 했던 것, 어리석은 바보처럼 놀았던 것, 그것 기억하면 상처만 더해집니다. 상처 난 데 다시 손으로 긁어서 덧나는 거지요. 그걸 다 십자가 밑에 전부 묻어버리고 '예수님이 십자가에 죽을 때 나도 죽었어, 예수님이 십자가에 부활하실 때 나도 부활했어'하는 마음으로 살아가면 됩니다.

부활하신 예수님이 우리의 인도자 되시고 주인 되시고 날마다 우리를 이끄십니다.

> "예루살렘으로 올라가는 길에 예수께서 그들 앞에 서서 가시는데 그들이 놀라고 따르는 자들은 두려워하더라 이에 다시 열두 제자를 데리시고 자기가 당할 일을 말씀하여 이르시되 보라 우리가 예루살렘에 올라가노니 인자가 대제사장들과 서기관들에게 넘겨지매 그들이 죽이기로 결의하고 이방인들에게 넘겨 주겠고 그" 마가복음 10장 32~33절

유월절을 앞두고 예수님이 예루살렘으로 올라가십니다. 갈릴리는 저지대이고 예루살렘은 높은 데 있으니까 계속 오르막입니다. 예루살렘으로 올라가는 길에 예수께서 그들 앞에 서서 가십니다. 나는 이 말씀을 아주 진지하게 받아들입니다. 우리 인생길이 오르막길 아닙니까? 험한 길을 가는데, 예수님이 앞장서서 가십니다. 나는 그렇게 받아들입니다.

하지만 예수님의 제자들은 들은 정보가 있어서 두려워합니다.

'이번에 가면 너희 선생님 위험하다. 바리새인들, 제사장들이 함정

을 파놓고 기다리고 있다.'

이 이야기는 비밀도 아니어서 벌써 다 듣고 있습니다. 그런데 예수님은 모른척 하시고 앞장서서 가십니다. 제자들은 두렵고 떨리지만, 안 따라갈 수도 없어서 할 수 없이 따라가는데 예수님이 다시 열두 제자에게 자기가 당할 일을 말씀하십니다.

'인자가 대제사장들과 서기관들에게 넘겨지매 그들이 죽이기로 결의하고 이방인들에게 넘겨주겠고.'

예수님은 고난 당하실 것을 아시면서 앞장서서 가십니다.

> "그들은 능욕하며 침 뱉으며 채찍질하고 죽일 것이나 그는 삼
> 일 만에 살아나리라 하시니라" 마가복음 10장 34절

'삼일 만에 살아나리라.'

그래서 기독교를 제 삼일의 종교라고 합니다. 우리의 신앙은 제 삼일의 신앙입니다.

첫째 날, 둘째 날은 고난 당하고 십자가에 죽고 묻히는 날입니다.
제 삼일은 승리의 날, 부활의 날입니다.

첫째 날, 둘째 날만 보기 때문에 제자들이 두려워하며 억지로 올라가는 것입니다. 예수님이 앞장서서 가시는 것은 제 삼일을 보시는 것

입니다.

인류를 구원할 메시아로 오셔서 고난 당하고, 시련도 당하고, 죽임 당하지만 그 너머 제삼의 승리의 날, 부활의 날 그날을 바라보시니까 앞장서서 가시는 겁니다.

이 말씀을 읽으면 힘이 납니다. 내 앞에 주님이 앞서가신다고 하는데 무엇이 두렵습니까? 이사야서를 읽으면서 그 예수님을 우리가 찬양하고 하나님의 뜻을 바로 알고 우리가 이런 사명에 뜨겁게 인생을 걸고 열심히 헌신함으로써 하나님의 백성으로, 하나님께 영광 돌리는 백성으로 다시 태어나야 합니다.

고레스 왕 이야기

이사야 45장

"여호와께서 그의 기름 부음을 받은 고레스에게 이같이 말씀
하시되 내가 그의 오른손을 붙들고 그 앞에 열국을 항복하게
하며 내가 왕들의 허리를 풀어 그 앞에 문들을 열고 성문들이
닫히지 못하게 하리라" 이사야 45장 1절

하나님께서 기름 부어 세운 고레스 왕에 대한 말씀입니다. 고레스
왕은 BC 538년 바벨론 제국을 넘어뜨리고 페르시아 제국을 건설한 영
웅 중의 영웅입니다.

고레스 왕은 하나님을 섬기는 사람이 아니었는데 하나님이 그에게
기름을 부어 사용하셨습니다. 온 우주와 세계 역사를 주관하시는 하나
님께서는 하나님을 믿는 크리스천들만 사용하시는 것이 아니라, 세상
왕, 세상 지도자, 세상의 일꾼들도 하나님의 섭리의 역사를 성취하심

에 사용한다는 사실을 고레스 왕의 이야기를 통해서 알 수 있습니다.

바벨론 제국에는 서른세 개의 나라들이 포함되어 있었습니다. 바벨론은 지금 이라크 땅이 그 본거지입니다. 그런데 지금의 이란지역에 메디나, 페르시아라는 조그마한 두 나라가 있었습니다. 성경에서는 메디나를 '메대' 페르시아를 '바사'라고 기록하고 있습니다.

메대는 더 큰 나라고 바사는 작은 나라여서 메대에 조공을 바치고 있었는데 두 나라가 다 바벨론에 흡수되어서 바벨론 제국을 이루었습니다. 메대의 왕이 아들은 없고 딸만 한 명 있었는데, 메대 왕이 특이한 꿈을 꾸었습니다. 자기 딸이 소변을 누었는데 그것이 온 나라에 차고 넘치는 이상한 꿈을 꾸어서 신하들을 불러서 꿈을 한번 해몽을 해보라고 시켰습니다.

삼 일 뒤에 신하들이 메대 왕에게 와서 공주의 꿈이 불길한 꿈, 흉한 징조라고 하며 공주가 아들을 낳으면 그 아들이 이 제국을 뒤집을 반역을 일으킬 꿈이라고 하였습니다. 메대 왕은 허튼소리 하지 말라고 물리쳤지만, 그 말이 신경이 쓰여 공주를 메대 안의 귀족들, 고관들과 결혼시키지 않고 조공을 바치는 바사의 아주 평범한 서민 청년을 골라 사위 삼았습니다.

공주가 결혼해서 얼마 지나지 않아 임신했는데 그때 비슷한 꿈을 다시 꾸었습니다. 아무래도 징조가 좋지 않다고 생각한 왕은 믿을 수 있는 신하에게 공주 곁에서 모시고 있다가 딸을 낳으면 그냥 살려두고 아들을 낳으면 산모가 보기 전에 아이를 처치하라는 특명을 내렸습니다.

그런데 공주가 매우 잘생긴 아들을 낳았습니다. 신하가 메대 왕의 명대로 하자면 소리 없이 그 아기를 죽여야 하는데, 아들이 너무 영롱하고 잘 생기고 총명해 보여서 그렇게 했다가는 천벌을 받을 것 같았습니다. 그때 마침 산속에 소먹이는 집에서 아기를 낳았는데 사산했다는 정보를 듣고서는 공주의 아들을 그 집에 주어 기르도록 하고 농부의 죽은 아들을 왕궁으로 가지고 갔습니다. 바로 그 공주의 아들이 고레스입니다.

고레스는 소먹이는 집의 아들로 자라면서 어려서부터 지도력이 출중해서 아이들을 모아서 어린이 군대를 만들어 이 동네, 저 동네 아이들과 편을 갈라서 전쟁놀이를 하였습니다. 메대의 국방부 장관 격인 대신의 아들도 그 전쟁놀이를 같이했는데 불리하니까 도망을 쳤습니다. 그래서 군사 재판이 열려 고레스가 만든 군법에 따라 곤장 열 대를 맞아 절면서 집으로 돌아갔는데, 그때 그 아버지가 퇴근하는 길에 자기 아들이 절면서 들어오는 것을 보고는 무슨 일인지 이실직고하라고 다그쳤습니다.

그 아들이 처음에는 놀다가 다친 것이라고 했지만 결국 사실대로 고레스 얘기를 들려주었습니다. 그날 저녁에 메대 왕이 연회를 베풀어서 신하들과 술판이 벌어졌습니다. 이 대신이 술에 취해, 옆에 있는 자기 동료에게 자기 아들이 전쟁놀이를 하다가 곤장을 맞은 이야기를 들려주었습니다.

메대 왕이 그걸 옆에서 듣고서는 호기심이 생겨 고레스를 불러왔는데 생김새가 딱 닮은 겁니다. 더구나 열 살이라는 소리를 듣고 십 년 전에 자기 딸이 죽은 아들을 낳아서 장례 치른 것을 생각하고 신하를 시켜서 고레스의 아버지, 어머니를 데리고 오게 했습니다.

왕 앞에 선 그들이 어느 앞이라고 허튼 소리하겠습니까? 결국 사실이 밝혀지고 그 손자를 찾아서 자기 딸한테 보냈습니다. 십 년 전에 죽은 줄 알았던 아들이 살아 돌아왔으니, 공주야 얼마나 참 기뻤겠습니까.

메대 왕이 손자는 찾았지만, 왕명을 어긴 신하를 가만둘 수는 없어, 그다음 날 신하를 불러서 독대를 했습니다. 둘이서 식사를 같이하면서 상 위에 불고기를 잘 구워서 한 접시를 놓았는데, 특별한 고기라고 왕은 손대지 않고 신하 혼자서 먹게 했습니다.

식사 후에 왕이 십 년 전에 공주 아들을 바꿔치기한 것을 문책하며 네가 오늘 먹은 고기가 네가 나를 기만한 죄로 네 아들을 잡아다가 구운 고기라고 말하자 신하가 얼마나 참담했던지 그 길로 모든 관직을 다 내려놓고 전 재산을 팔아서 자기 가족들이 살만큼 다 몫을 떼어 주고, 나머지 돈을 챙겨서는 바사에 있는 공주를 찾아갔습니다.

공주에게 사실을 말하고 아들을 가르치게 해 달라고 하자 공주는 자기 아들을 살려준 공로를 생각하고, 한 나라의 높은 관리가 자기 아들을 가르쳐 준다고 하니 흔쾌히 그 아들을 맡겼습니다. 그래서 그 신하가 고레스에게 열 살 때부터 전쟁하는 법, 나라 다스리는 법, 사람을 쓰는 법, 제왕이 되는 자질을 철저히 가르쳤습니다.

십 년 뒤 스무 살 되던 해에 고레스가 자기가 속한 나라 '바사'의 정권을 잡았습니다. 그다음에 이 년 뒤, 스물두 살 때 할아버지의 나라

메대를 통합시켰습니다. 사실은 메대 왕의 꿈대로 된 셈입니다. 그렇게 힘을 길러서 538년에 바벨론 제국을 쓰러뜨렸습니다.

바벨론 제국의 수도가 육각형으로 지은 도시로, 외부에서 침공하기는 거의 불가능한 그런 탄탄한 성이었는데, 고레스 왕이 땅 밑으로 파고들어 와서 바벨론을 점령하고 마침내 페르시아 왕국을 세웠습니다. 이것이 살아 있는 역사입니다.

고레스가 어릴 때, 전쟁놀이를 같이하던 동료 중에 예루살렘에서 포로로 끌려온 유대인의 아들이 있었습니다. 이름이 스룹바벨입니다. 고레스가 전쟁놀이하면서 나중에 내가 왕이 되면 너희 민족을 다 돌려보내 주겠다고 아이들끼리 약속했습니다.

그 뒤 BC 587년에 바벨론을 쓰러뜨리고 왕이 되니까 스룹바벨이 찾아와서 옛날 우리 민족을 고국으로 돌려보낸다는 약속을 실천해 달라고 간청합니다. 그리고 마침내 고레스 왕이 이스라엘 백성들을 고향 예루살렘으로 돌려보냅니다. 그것이 에스라 1장 1절입니다. 고레스 원년에 바벨론의 포로로 있던 이스라엘 백성들을 전부 돌려보낸 이야기가 역사적인 사실로 기록되어 있습니다.

"바사 왕 고레스 원년에 여호와께서 예레미야의 입을 통하여 하신 말씀을 이루게 하시려고 바사 왕 고레스의 마음을 감동시키시매 그가 온 나라에 공포도 하고 조서도 내려 이르되 바사 왕 고레스는 말하노니 하늘의 하나님 여호와께서 세상 모든 나라를 내게 주셨고 나에게 명령하사 유다 예루살렘에 성

전을 건축하라 하셨나니" 에스라 1장 1~2절

역사에는 '키루스' 대왕입니다. 워낙 위대한 왕이어서 '더 그레이트 킹 오브 페르시아 키루스'입니다. 여호와께서 예레미야의 입을 통하여 백성들에게 예언했던 그 예언을 성취하시려고 고레스의 마음을 감동 시켰습니다. 고레스는 하나님 섬기는 왕이 아닌데도 하나님이 그를 사 용하셨습니다.

"고레스에 대하여는 이르기를 내 목자라 그가 나의 모든 기쁨 을 성취하리라 하며 예루살렘에 대하여는 이르기를 중건되리 라 하며 성전에 대하여는 네 기초가 놓여지리라 하는 자니라"
이사야 44장 28절

하나님이 고레스를 사용하시는 목적은 하나님의 자녀 이스라엘을 위함입니다. 또 예언자를 통해 예언하신 말씀이 이루어지도록 고레스 를 택하셨습니다.

이사야 45장 1절에 여호와께서 고레스에게 기름을 부었다는 것은 두 가지 의미가 있습니다.

첫째 '사명을 맡겼다'라는 것입니다.
둘째 '사명을 감당할 능력을 주었다'라는 것입니다.

하나님이 고레스에게 사명을 주시고 사명을 감당할 능력을 주셨다는 말씀입니다.

우리가 이런 말씀을 통해서 우리 마음에 새겨야 할 것은 '지금 세계 정세가 복잡하지만 다 하나님이 섭리 중에 역사하신다. 세상 대통령, 세상 권력자들에 앞장서서 하나님이 역사하신다'하는 하나님에 대한 신뢰, 섭리의 역사에 대한 확신이 있어야 합니다.

chapter

22

섭리사관
이사야 45장

"여호와께서 그의 기름 부음을 받은 고레스에게 이같이 말씀
하시되 내가 그의 오른손을 붙들고 그 앞에 열국을 항복하게
하며 내가 왕들의 허리를 풀어 그 앞에 문들을 열고 성문들이
닫히지 못하게 하리라 내가 너보다 앞서 가서 험한 곳을 평탄
하게 하며 놋문을 쳐서 부수며 쇠빗장을 꺾고 네게 흑암 중의
보화와 은밀한 곳에 숨은 재물을 주어 네 이름을 부르는 자가
나 여호와 이스라엘의 하나님인 줄을 네가 알게 하리라"

이사야 45장 1~3절

바벨론 제국이 예루살렘을 세 차례 침공해서 예루살렘 성을 함락시
키고 이스라엘 사람들을 세 번이나 포로로 끌고 갔습니다. 첫 번째 포
로로 끌려간 일행 중에 다니엘, 사드락, 메삭, 아벳느고, 네 청년이 포

함되어 있었습니다. 두 번째 포로를 끌고 갈 때, 에스겔 같은 인재들이 있었습니다. 세 번째는 BC 587년, 586년경에 유다의 마지막 왕 시드기야를 끌고 갔습니다. 시드기야가 바벨론에게 침공 당하고 나라가 완전히 망한 것은 외교, 국방정책을 잘못 세웠기 때문입니다.

지금 우리 한국 현실과 맞아떨어지는 것이 있습니다. 그래서 성경은 첫째로 우리 영혼이 구원 받아 천국 백성 되는 것이고, 둘째로 이 땅에 정치 바로 하는 법, 교육하는 법, 기업 경영하는 법, 가정을 잘 이끌어 가는 법, 세상 적인 교훈이 골고루 들어있습니다.

그런데 우리 복음적인 교인들, 보수교회 교인들이 한 가지 잘못하는 것이 있습니다. 성경을 영적으로만 해석해서 영혼 구원 받아 거듭나서 천국 가는 거기에만 너무 집중하고 성경이 가지는 무한한 교훈, 정치를 바로 하고, 경제를 일으키고, 가정을 잘 다스리고, 또 바른 교육을 실시하는 인류의 지혜, 거기에 대해서는 잘 가르치지 못합니다. 앞으로 그런 점이 많이 고쳐져야 합니다.

그 당시 활동한 선지자 예레미야가 우상을 멀리하고 바벨론과 맺은 맹약을 지키라는 강력한 경고에도 불구하고 바벨론을 버리고 친애굽 정책을 폈던 시드기야로 인해 남유다는 바벨론의 침략으로 무너졌습니다. 바벨론이 시드기야를 끌고 갈 때는 왕의 자식들을 왕이 보는 앞에서 다 죽이고 왕의 눈을 뽑아버리고, 백성들을 죽이고 예루살렘 성을 허물어 뜨리고 백성들을 종으로 끌고 갔습니다. 이로서 예루살렘 성은 완전히 멸망 당하게 되어 유대 역사는 지상에서 사라지게 되었습니다.

"이 모든 땅이 폐허가 되어 놀랄 일이 될 것이며 이 민족들은
칠십 년 동안 바벨론의 왕을 섬기리라 이 모든 땅이 폐허가 되
어 놀랄 일이 될 것이며 이 민족들은 칠십 년 동안 바벨론의
왕을 섬기리라 여호와의 말씀이니라 칠십 년이 끝나면 내가
바벨론의 왕과 그의 나라와 갈대아인의 땅을 그 죄악으로 말
미암아 벌하여 영원히 폐허가 되게 하되 내가 그 땅을 향하여
선언한 바 곧 예레미야가 모든 민족을 향하여 예언하고 이 책
에 기록한 나의 모든 말을 그 땅에 임하게 하리라"

예레미야 25장 11~13절

　1차 바벨론 포로로 끌려갈 때 하나님의 사람 예레미야가 포로로 끌려가는 사람들에게 눈물로 예언했습니다.

　'조급한 마음 먹지 말고 가서 열심히 생업에 종사하고 하나님께 예배 드리고 자식 기르고 그렇게 터를 잡고 살아라. 하나님은 칠십 년 뒤에 너희를 돌아오게 해방하실 것이다.'

　포로가 되어 칠십 년간 바벨론을 섬기게 되는데 이 칠십 년이라는 말이 예레미야의 예언에서 나온 말입니다.

　포로가 되어 끌려간 다니엘이 바벨론에서 총리가 되는 놀라운 역사가 일어났습니다. 그 다니엘이 아침 기도시간에 성경을 읽다가 예레미야서 25장을 읽었습니다.

> "메대 족속 아하수에로의 아들 다리오가 갈대아 나라 왕으로
> 세움을 받던 첫 해 곧 그 통치 원년에 나 다니엘이 책을 통해
> 여호와께서 말씀으로 선지자 예레미야에게 알려 주신 그 연수
> 를 깨달았나니 곧 예루살렘의 황폐함이 칠십 년만에 그치리라
> 하신 것이니라" 다니엘 9장 1~2절

예레미야에게 예언하신 그 연수, 칠십 년 만에 포로에서 돌아온다는
그 말을 읽은 겁니다. 70년 만에 바벨론을 망하게 하고 하나님의 예언
을 이루시겠다는 말씀을 읽고 깨닫는 순간 정신이 번쩍 들었습니다.
'바로 올해가 그 해다.'
그때 다니엘이 정말 영적으로 행동했습니다.

> "내가 금식하며 베옷을 입고 재를 덮어쓰고 주 하나님께 기도
> 하며 간구하기를 결심하고 내 하나님 여호와께 기도하며 자복
> 하여 이르기를 크시고 두려워할 주 하나님, 주를 사랑하고 주
> 의 계명을 지키는 자를 위하여 언약을 지키시고 그에게 인자
> 를 베푸시는 이시여 우리는 이미 범죄하여 패역하며 행악하며
> 반역하여 주의 법도와 규례를 떠났사오며" 다니엘 9장 3~5절

우리도 이렇게 해야 합니다. 금년이 칠십 년째 해방되는 해라는 것
을 깨닫고 금식했습니다. 자기 죄를 회개하였습니다. 자기 동족들의
범죄로 인해서 바벨론에 종살이를 하고 나라가 망한 것을 회개하였습

니다. 다니엘은 나라가 망하는데 아무 책임이 없는 사람이지만 금식하
며 자기 회개부터 하였습니다.

> "내가 이같이 말하여 기도하며 내 죄와 내 백성 이스라엘의
> 죄를 자복하고 내 하나님의 거룩한 산을 위하여 내 하나님 여
> 호와 앞에 간구할 때 곧 내가 기도할 때에 이전에 환상 중에
> 본 그 사람 가브리엘이 빨리 날아서 저녁 제사를 드릴 때 즈
> 음에 내게 이르더니 내게 가르치며 내게 말하여 이르되 다니
> 엘아 내가 이제 네게 지혜와 총명을 주려고 왔느니라"
>
> 다니엘 9장 20~22절

예레미야가 피를 토하는 마음으로 예언했던 그 말을 돌이키고 금식
하며 자기 죄를 회개하고 동족의 죄를 회개하고 여호와 앞에 간구하였
습니다. 다니엘이 기도 할 때 천사가 왔습니다. 천사 중에 역할이 있습
니다. 좋은 소식을 전하는 메신저가 가브리엘, 전쟁을 담당하는 천사
는 미가엘, 육신이나 정신이나 병든 사람을 치료하는 천사가 라파엘입
니다.

그런데 좋은 소식을 전하는 천사, 가브리엘이 와서 예언이 이루어졌
음을 알립니다. 칠십 년 되는 때가 바로 바벨론이 멸망하고 페르시아
가 일어난 때입니다. 페르시아 왕, 하나님께 기름 부음을 받은 고레스
가 이스라엘 민족을 해방하는 놀라운 명령을 내렸습니다.

"이스라엘의 하나님은 참 신이시라 너희 중에 그의 백성 된
자는 다 유다 예루살렘으로 올라가서 이스라엘의 하나님 여
호와의 성전을 건축하라 그는 예루살렘에 계신 하나님이시
라" 에스라 1장 3절

이스라엘 백성들은 유다 예루살렘으로 올라가서 이스라엘의 하나
님 성전을 건축하라는 칙령을 내렸습니다. 그래서 이스라엘 백성들이
해방되어 예루살렘으로 돌아가는데, 그것을 '제이의 출애굽'이라고 합
니다. 바벨론에 포로로 끌려간 지 칠십 년 만에 선지자 예레미야가 예
언한 대로 고국으로 돌아오는 그 발걸음을 '세컨드 엑소더스_Second
Exodus'라 하는데, 그때 와서 지은 성전을 그때 지도자가 스룹바벨이었
기 때문에 '스룹바벨 성전'이라고 합니다.

"여호와께서 시온의 포로를 돌려 보내실 때에 우리는 꿈꾸는
것 같았도다 그 때에 우리 입에는 웃음이 가득하고 우리 혀에
는 찬양이 찼었도다 그 때에 뭇 나라 가운데에서 말하기를 여
호와께서 그들을 위하여 큰 일을 행하셨다 하였도다 여호와께
서 우리를 위하여 큰 일을 행하셨으니 우리는 기쁘도다 여호
와여 우리의 포로를 남방 시내들 같이 돌려 보내소서 눈물을
흘리며 씨를 뿌리는 자는 기쁨으로 거두리로다 울며 씨를 뿌
리러 나가는 자는 반드시 기쁨으로 그 곡식 단을 가지고 돌아
오리로다" 시편 126편 1~6절

그들이 돌아오는 길에 얼마나 감격스러웠던지 예루살렘까지 오백삼십 킬로를 걸어오면서 너무 감동해서 하나님을 찬양했던 그 시가 바로 시편 126편입니다. 성경을 한 구절, 한 구절 따로 읽으면 지루해지기 쉽고 읽어도 뜻을 잘 이해하기 어렵지만, 전체적으로 보면 영적인 교훈이 크고 감동이 밀려옵니다.

우리 식으로 표현하면 이것이 꿈이냐? 생시냐? 어느 날 자고 나니까 고향으로 가게 된 거지요. 칠십 년 전에 선지자 예레미야가 예언했던 그대로 고국으로 돌아가게 된 겁니다.

이런 70년 만의 해방을 '여호와께서 하신 일'이라고 생각하는 것이 '섭리 사관'입니다.

'이것은 고레스가 한 일이 아니다. 하나님의 섭리가 역사를 주장하신다. 하나님은 교회 안의 사람만 쓰시는 것이 아니라 세상 지도자도, 세상 왕도 하나님의 섭리를 따라 다 사용하신다. 세울 자를 세우시고 무너뜨릴 자를 무너뜨리시고 하나님의 섭리가 역사를 이끄신다.'

이것을 일컬어서 '섭리 사관'이라고 합니다.

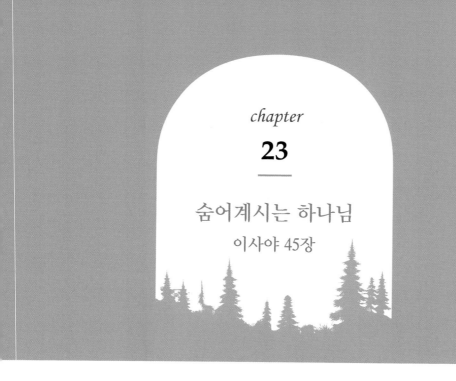

chapter

23

숨어계시는 하나님
이사야 45장

"구원자 이스라엘의 하나님이여 진실로 주는 스스로 숨어 계
시는 하나님이시니이다 우상을 만드는 자는 부끄러움을 당하
며 욕을 받아 다 함께 수욕 중에 들어갈 것이로되 이스라엘은
여호와께 구원을 받아 영원한 구원을 얻으리니 너희가 영원히
부끄러움을 당하거나 욕을 받지 아니하리로다" 이사야 45장 15~17절

'숨어계시는 하나님'은 성경에 딱 한 번 나오는 표현입니다.

'옛날에 많은 현인들이 하나님을 찾고 찾았으나 하나님이 나타나지
아니하셨는데 겸손하게 하나님 앞에 엎드릴 때 하나님이 나타나셨다.
숨어계시는 하나님은 개인 개인에 대해서 하나님의 뜻을 이루어가시
는데 하나님을 만날 마음의 준비가 되기 전까지 숨어계신다'라는 표현
입니다.

"그런데 내가 앞으로 가도 그가 아니 계시고 뒤로 가도 보이지
아니하며 그가 왼쪽에서 일하시나 내가 만날 수 없고 그가 오
른쪽으로 돌이키시나 뵈올 수 없구나" 욥기 23장 8~9절

하나님이 분명히 계실텐데 어려운 일을 당할 때 답답한 심령에서 어
쩔 줄 모를 때 어디를 봐도 찾을 수 없다는 고백입니다.
프랑스의 수학자이며 물리학자, 발명가, 철학자이자 신학자인 파스
칼이라는 천재가 삼십 대 나이에 하나님을 뵙고 싶은 마음, 영적 갈급
함이 너무 심해서 영적 고뇌를 많이 했습니다. '파스칼의 원리'라고 학
교에서 배웠지요. 참 천재 중의 천재입니다. 그러다가 삼십 대 중반 어
느 날, 하나님을 인격적으로 만날 수 있었습니다. 너무 감격해서 쓴 글
이 '팡세'라는 명상록에 나옵니다.

'수학자의 신도 아니요. 철학자의 신도 아니었다. 아브라함의 하나
님, 이삭의 하나님, 야곱의 하나님이었다. 그리고 나의 하나님이었다.
수학적으로 철학적으로 과학적으로 찾고 찾을 때 그때는 하나님이 보
이지 않았는데 만나지 못했는데 하나님 앞에 겸손하게 엎드려서 하나
님을 찾을 때 내가 만날 수 있었다.'

그가 하나님을 찾고 찾을 때는 하나님이 나타나지 아니하셨으나
하나님 앞에 엎드릴 때 그를 품어주셨다는 영적 체험에 대한 감격과
기쁨을 글로 써서 헝겊에 써서 입고 다니는 외투 섶에 베를 대고 기웠

습니다.

파스칼이 죽은 뒤에 친구들이 짐 정리를 하는데 입고 다니던 옷에서 그 글이 나왔습니다.

'젊은 날, 내가 철학적으로 수학적으로 찾을 때 신은 나타나지 않았는데 겸손하게 엎드릴 때 나를 품어주셨다.'

숨어계시는 하나님입니다. 젊은 날에는 고뇌와 방황이 심합니다. 나도 철학과에 다니면서 고민이 많아서 내가 정신이 좀 이상한 모양이다, 정신 질환이 아니겠는가 생각하고 대구에서 일부러 서울에 와서 그때 유명한 청량리 뇌병원의 최신애 박사에게 특진을 받았습니다. 최신애 박사가 어떻게 왔냐고 말하길래 내가 정신병인 것 같아서 치료받으러 왔다고 했더니 여러 가지를 묻더라고요. 한 삼십 분 묻더니 정상이라고 합니다.

'아, 내가 정신병이란 걸 느끼고 왔는데 그러십니까?'

'자기 입으로 정신병이라고 그러는 사람은 다 정상일세, 정신병자는 자기는 멀쩡하다고 하는 사람이 정신병자고, 자기 입으로 그렇게 말하는 사람은 다 정상이네.'

'어떡하면 좋겠습니까?'

'열심히 하던 일 계속하게.'

이제 끝났으니 나가 보라고 해서 '이름만 유명했지, 돌팔이구나'라고 생각하며 나왔는데, 참 그것이 나한테 큰 도움이 되었습니다. 정신병이 아니라는데 나는 왜 이렇게 고민이 많고 잠을 설치고 왜 이럴까? 그래서 내가 병명을 '형이상학적 병'이라고 지었습니다.

20대, 30대 젊은 날에 고민하지 않는 청년이 없습니다. 자기 정체성, '아이덴티티identity'을 찾기 위해서입니다. 하나님 앞에서 자기를 발견하기 전에는 젊은 날에는 방황이 많습니다. 그런데 하나님을 만나고 나면 그 감격과 기쁨이, 파스칼이 말한 대로 이 감격, 이 감동, 이 기쁨 그렇게 고백하게 되는 겁니다. 대학 졸업하고 이 년 뒤에 내가 에베소서 1장 7절을 읽다가 하나님을 만나 예수님과 인격적 관계를 맺게 되었습니다.

"우리는 그리스도 안에서 그의 은혜의 풍성함을 따라 그의 피로 말미암아 속량 곧 죄 사함을 받았느니라" 에베소서 1장 7절

내 인생의 전환점, '터닝 포인트'가 되었습니다. 젊은 시절에 그렇게 진지하게 하나님 앞에서 자기를 찾아야 합니다. 그래서 큰 방황은 큰 인물을 낳는다는 격언이 있습니다. 젊은 날에 고민이 많고 방황하고 갈등이 심한 사람이 큰 인재가 되는 밑거름이라는 거지요.

그렇게 고민하고 잠 못 자고 갈등했어도 그때는 하나님이 숨어계셨는데 1968년 12월 4일 밤입니다. 에베소서를 읽다가 1장 7절에서 하나님을 만나게 되었습니다.

'그리스도 안에서_인 크라이스트'

모태신앙으로 교회를 늘 다니고 고등학교 때는 대구 동신교회에서

학생회 회장을 2년을 했습니다. 청년회 회장도 했는데 그러면서도 하나님을 영적으로, 인격적으로 정말 나의 구주로 만나지 못했을 때는 고민하는 크리스천이었습니다. 교인은 교인인데 그리스도 밖에 있는 교인이었던 것입니다.

예수님이 십자가에서 죽으시고 피 흘리시고 내게 구원의 길을 다 닦아 놓으셨는데 그것을 받아들이기만 하면 되는데, 나를 위해 구원 역사를 다 이루어놓으신 예수님을 믿음으로 받아들이면 하나님과 나와의 관계가 바로 이루어지고 은혜를 받게 되고 감사하게 되는데, 그동안에 교회를 다니면서도 그걸 몰랐습니다.

하지만 에베소서 1장 7절의 말씀을 깨닫고 나니까 얼마나 확실하고 분명한지, 너무나 감격하여 찬송가 421장을 그날 내가 부르고, 또 부르고, 손뼉을 치면서 감격해서 불렀습니다.

내가 예수 믿고서 죄 사함 받아 나의 모든 것 다 변했네
지금 내가 가는 길 천국 길이요 주의 피로 내 죄가 씻겼네

나의 모든 것 변하고 그 피로 구속 받았네
하나님은 나의 구원 되시오니 내게 정죄함 없겠네

주님 밝은 빛 되사 어둠 헤치니 나의 모든 것 다 변했네
지금 내가 주 앞에 온전케 됨은 주의 공로를 의지함일세

내게 성령 임하고 그 크신 사랑 나의 맘에 가득 채우며
모든 공포 내게서 물리치시니 내 맘 항상 주안에 있겠네

이 찬송가의 영어 제목은 "Everything is Changed"입니다.

'모든 것이 변했다.'

나는 그때 미국 유학하러 가려고 준비하고 있었습니다. 모교에서 풀 장학금을 받고 '미시간 어바나'라는 대학의 철학과에 가려고 했는데 수속하던 서류를 전부 쓰레기통에 던져 버렸습니다. 철학은 끊임없는 질문입니다. 정답이 없습니다. 내가 예수님을 만난 뒤에 아, 철학은 질문이고 예수님은 해답이다. 해답, 정답을 찾았으니 더 질문하고 다닐 필요가 없다고 결단하고 신학교에 갔습니다. 그것이 1968인데 내 평생에 최고로 잘한 선택이라고 지금도 생각합니다.

이십 년 뒤에, 88 올림픽 있던 그해 가을에 내가 유학하러 가려던 '미시간 어바나' 대학에 강사로 갔습니다. 거기 가서 대학생들 상대로 특강을 했는데 그 대학 본관 옆에 큰 도토리나무가 있더라고요. 강의하기 전에 내가 도토리나무 밑에 꿇어앉아서 감사 기도드렸습니다.

'예수님, 이십 년 전에 이 대학에서 철학 공부하려다가 예수님 만나 이제 목사가 되어서 철학 공부하러 온 것이 아니라 예수님을 전하러 오게 된 것 감사합니다.'

내가 짧은 영어로 열심히 설교하고, 제대로 전달이 되었는가 했는데 학생들 중에 눈물 흘리는 학생도 있고 마친 뒤에 사인해달라고 줄 섰어요. 그러니까 인생 사는 것이 무엇이 가장 중요합니까? 내가 누군지? 왜 사는지? 어떻게 살아야 하는지? 무엇을 믿고 살아야 되는지?

인간의 근본 문제에 대한 정답을 찾는 것, 자기 정체성, '아이덴티티'를 찾는 것, 그것이 가장 소중합니다. 다시 한번 철학자로서, 신학자로서 대선배인 파스칼의 고백을 소개합니다.

'수학자의 신도 아니요. 철학자의 신도 아니었다. 아브라함의 하나님, 이삭의 하나님, 야곱의 하나님이었다. 그리고 나의 하나님이었다. 수학적으로 철학적으로 과학적으로 찾고 찾을 때 그때는 하나님이 보이지 않았는데 만나지 못했는데 하나님 앞에 겸손하게 엎드려서 하나님을 찾을 때 내가 만날 수 있었다.'

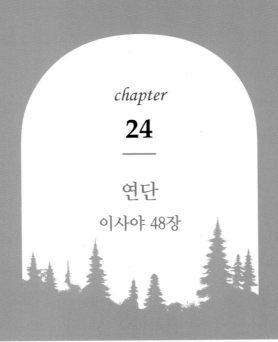

chapter

24

—

연단

이사야 48장

"보라 내가 너를 연단하였으나 은처럼 하지 아니하고 너를 고
난의 풀무 불에서 택하였노라" 이사야 48장 10절

이사야 40장에서부터 이스라엘에 용서와 구원을 베푸시는 하나님의
선포가 있습니다. 위로하시는 하나님, 찬송을 받으시기를 원하시는 하
나님입니다. 48장에서 이스라엘을 단련하셔서 그 일을 이루시는 하나
님의 긍휼하심을 나타냅니다.

이스라엘이 어떤 고난, 연단을 당하였는지 말로 다할 수 없습니다.
앗시리아의 채찍에 당하고, 베벨론의 채찍에 당하고, 70년간 포로 생
활을 하면서 연단 받았습니다. 연단은 '훈련'입니다.

'보라 내가 너를 훈련하였으나 은처럼 하지 아니하고 너를 고난의
풀무 불에서 택하였노라.'

고난의 풀무 불, 온갖 시련, 아픔, 좌절 가운데에서 우리를 선택했다는 말씀입니다. 이 점에 대하여 욥기 23장 10절에서 더욱 실감이 나게 이르셨습니다.

"그러나 내가 가는 길을 그가 아시나니 그가 나를 단련하신 후에는 내가 순금 같이 되어 나오리라" 욥기 23장 10절

하나님께서 우리들의 삶의 모습을 항상 살피시고는 모진 역경과 시련 속에서 인격이 승화되고 의지가 굳건하여지고 영적인 통찰력이 깊어지게 되면서 마치 99.9% 순금 같은 사람으로 다듬으셔서 하나님의 일에 사용하십니다.

광산에서 금을 캘 때 1000도 안팎으로 열을 가하여 바위를 녹입니다. 바위가 녹아 물이 되면 금은 가장 무거운 광물이기에 바닥으로 가라앉게 됩니다. 그러면 바위 녹은 물을 쏟게 되면 맨 아래에 쌓인 금을 얻게 됩니다. 사람의 이치도 마찬가지입니다. 금을 품은 돌을 뜨거운 불로 녹여 금을 얻게 되듯이 고난의 풀무 불 속에서 단련하고 단련하여 인격이나 영력으로 승화된 인물로 훈련하셔서 하나님의 일을 맡기십니다.

우리 인생살이에 어려움이 닥칠 때 '아 하나님이 나를 연단하시는구나. 하나님이 나를 사람 되게 하시려고 훈련하시는구나'라고 받아들여야 합니다. 그래서 히브리서 12장에 이 말씀을 좀 더 구체적으로 쓰셨습니다.

"또 아들들에게 권하는 것 같이 너희에게 권면하신 말씀도 잊
었도다 일렀으되 내 아들아 주의 징계하심을 경히 여기지 말
며 그에게 꾸지람을 받을 때에 낙심하지 말라" 히브리서 12장 5절

이 말씀에서도 징계가 훈련입니다. 영적으로 육적으로 훈련 시키는
것이 '단련'입니다. 고난의 풀무 불에서 우리를 훈련 시키는 것이 '징
계'입니다. 하나님이 우리를 사랑하시기 때문에 더 높은 영적 깨달음
을 얻게 하려고 책망하고 꾸지람하시는 것이니 하나님의 훈련을 가볍
게 여기지 말라는 말씀으로 새겨들어야 합니다.

그 꾸지람이 어떤 때는 몸에 병으로 나타나고 사업이 부도가 난다든
지, 인간관계에 상처받는다든지, 잘한다고 했는데 욕만 뒤집어쓴다든
지 하는 것으로 오는데 그걸 깨닫지 못하면 잠 못 자고 원통하고 분해
서 팔딱팔딱 뛰게 됩니다. 세상 사람들은 그걸 못 이기면 자살도 하고
그러잖습니까?

하나님이 우리를 보다 높은 영적인 세계로 이끌기 위해서 꾸지람의
채찍을 치시고 연단하시고 실패도 하게 하시고 어떤 때는 병들게도 하
시는데 왜 그렇게 하시느냐? 그것이 6절 말씀입니다.

"주께서 그 사랑하시는 자를 징계하시고 그가 받아들이시는
아들마다 채찍질하심이라 하였으니 너희가 참음은 징계를 받
기 위함이라 하나님이 아들과 같이 너희를 대우하시나니 어찌
아버지가 징계하지 않는 아들이 있으리요" 히브리서 12장 6~7절

하나님의 그 채찍과 꾸지람의 연단 속에 사랑의 손길이 있다는 것에 '아멘' 하십니까? 그리고 그걸 참고 견디는 겁니다. 하나님이 훈련하시는 과정에 통과되기 위해서 참아야 합니다. 영적으로 고난의 풀무 불에서 훈련하는 아버지가 계시기 때문에 아들로서 그렇게 훈련의 과정을 거칩니다.

> "징계는 다 받는 것이거늘 너희에게 없으면 사생자요 친아들
> 이 아니니라" 히브리서 12장 8절

8절이 중요합니다. 그런 훈련이 없으면 아버지 없는 아들이고 징계가 없으면 부모 없는 자식이라는 말씀입니다. 내가 여섯 살 때 아버지가 일본에서 돌아가셨는데, 우리 어머니가 홀로 아들 셋, 딸 하나를 삯바느질해서 기르셨습니다.

우리가 중학교 때 늦잠을 자면 어머니가 '홍아 일어나라' 서너 번 얘기하다가 안 일어나고 그냥 있으면 추운 겨울에도 바가지에 찬물을 떠다가 얼굴에 부어버립니다. 깜짝 놀라 일어나서 '어머니 왜 그러세요?' 하면 '너 나가서 애비 없는 자식이라고 욕 먹을까봐 그런다. 너가 사람 구실 해야지, 늦잠 자고 그래가 되겠냐?' 하고 정색하셨습니다.

그때는 어머니가 주워 온 자식인가? 원망했는데 나이 들어가면서 어머니가 고마워요. 그런 과정을 거쳐서 뭔가 사람 구실 하는 것 아닙니까? 그렇지 않습니까? 내가 우리나라가 해방되던 해 다섯 살 가을에 한국 왔는데 그때는 콩밥만 줬습니다. 콩죽 쑤어서 콩 배급 주었는데,

내가 콩밥, 콩죽 싫다고 안 먹으니까 '그래? 싫으면 먹지 마라' 하고 죽 그릇 치워버렸습니다. 삼 일을 계속 치워버리니까 삼 일 뒤에 배가 너무 고파서 잘 먹었습니다. 그리고는 그 뒤에 콩죽 싫다는 소리 안 했습니다. 나는 어머니가 아주 잘하셨다고 생각합니다.

> "무릇 징계가 당시에는 즐거워 보이지 않고 슬퍼 보이나 후에 그로 말미암아 연단 받은 자들은 의와 평강의 열매를 맺느니라 그러므로 피곤한 손과 연약한 무릎을 일으켜 세우고 너희 발을 위하여 곧은 길을 만들어 저는 다리로 하여금 어그러지지 않고 고침을 받게 하라" 히브리서 12장 11~13절

결론의 말씀입니다. 더 할 것도 뺄 것도 없는 하나님의 말씀입니다. 고난은 훈련입니다.

첫째는 사람 되게 하려는 훈련입니다.
둘째는 일꾼으로 세우려는 훈련입니다.
셋째는 맡은 사명을 잘 수행하는 능력을 기르려는 훈련입니다.

하나님은 우리를 아들로 인정하시고 아들에게 맡겨진 사명을 능히 감당케 하시기 위하여 고난 중에서 훈련을 시키십니다.

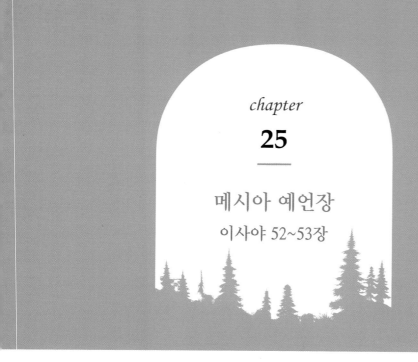

chapter

25

메시아 예언장

이사야 52~53장

"보라 내 종이 형통하리니 받들어 높이 들려서 지극히 존귀하
게 되리라" 이사야 52장 13절

　내 종은 오실 메시아, 예수 그리스도를 말씀 합니다. 오실 메시아,
하나님의 종 그가 형통하리니 받들어 높이 들려 지극히 존귀하게 된다
는 예언입니다. 14절이 중요합니다. 이사야서 52장 14절 같은 말씀에
담긴 뜻을 잘 분별해서 읽어야 이사야에 대한 이해, 메시아 그리스도
에 대한 이해가 바로 서게 됩니다.

　　전에는 그의 모양이 타인보다 상하였고 그의 모습이 사람들
　　보다 상하였으므로 많은 사람이 그에 대하여 놀랐거니와 그
　　가 나라들을 놀라게 할 것이며 왕들은 그로 말미암아 그들의

입을 봉하리니 이는 그들이 아직 그들에게 전파되지 아니한
것을 볼 것이요 아직 듣지 못한 것을 깨달을 것임이라"
이사야 52장 14~15절

　고난 속에서 상처받고 상하고 수난을 거쳐서 자기 사명을 완수하는
메시아입니다. 고난받는 종으로 오시는 그리스도를 예언한 본문입니
다. 하지만 유대인들은 수천 년, 수백 년 동안 메시아 그리스도를 기다
리면서 위대한 장군, 천군만마를 거느리고 온 나라에 군림해서 나라들
을 정복하고 세계를 다스리는 왕, 그런 메시아를 기다렸습니다.

　그러나 이사야서 52장, 53장에서는 전혀 다른 모습을 예언합니다.
고난 받으시는 종, 십자가에 죽으시고 묻히시는 고난의 종으로 예언했
는데 이스라엘 백성은 수백 년간 이 본문을 읽으면서도 깨닫지 못했습
니다. 자기들이 기다리는 그리스도와 너무 차이가 나기 때문입니다.

　어떻게 메시아가 이렇게 무기력한 고난 받는 종으로 올 수 있느냐?
메시아는 그런 메시아가 아니라, 온 세계를 정복하는 왕 중의 왕으로
오신다고 인식했기 때문에 이사야서를 읽으면서도 눈이 열리지 않았
습니다. 실제 예수 그리스도께서 오셨을 때 자기들이 생각하던 메시아
와 다르다고 십자가에 못 박았습니다.

　"네 하나님 여호와께서 너희 가운데 네 형제 중에서 너를 위하
　여 나와 같은 선지자 하나를 일으키시리니 너희는 그의 말을
　들을지니라" 신명기 18장 15절

모세가 살아생전에 그 훗날 언제인가 태어나실 메시아에 대해서 예언하였습니다. 나와 같은 선지자, 오실 메시아를 먼저 말하고 있습니다. 오실 메시아를 먼저 보는 겁니다. 몇천 년 뒤에 오실 메시아를 보고 있습니다. 메시아에 대해 벌써 모세가 예언합니다.

그런데 욥기서에도 보면 오실 메시아에 대한 놀라운 말씀이 있습니다. 욥이 동방의 의인으로 참 의롭게 살았는데 자손이 한꺼번에 건물이 무너져서 떼죽음 당하고 재산이 태풍에 다 날아가고 몸에 병이 들었습니다. 악성 피부병에 걸려서 가려워 기와 장으로 몸을 북북 긁는데, 그런 슬픔과 아픔 끝에 눈이 열렸습니다. 영안이라고 합니다. 그래서 먼 훗날에 오실 메시아를 미리 보는 겁니다.

욥이 병이 들고 망하지 않았으면, 맨날 박수받고 존경받으니까 영적으로 눈이 안 열리지요. 망하고 부도 나고 엉망이 된 뒤에 세상에 속했던 존경, 이게 다 무너진 뒤에 하늘을 봅니다. 망하고 밑바닥에 완전히 떨어진 뒤에 다른 사람이 감히 못 보는 걸 보게 됩니다.

> "내가 알기에는 나의 대속자가 살아 계시니 마침내 그가 땅 위에 서실 것이라 내 가죽이 벗김을 당한 뒤에도 내가 육체 밖에서 하나님을 보리라 내가 그를 보리니 내 눈으로 그를 보기를 낯선 사람처럼 하지 않을 것이라 내 마음이 초조하구나"
>
> 욥기 19장 25절~27절

욥기 전체의 클라이막스입니다. '대속자'는 '부활하실 자', '나 대신

희생하시고 나를 구원하실 자' 즉 그리스도를 말하는 겁니다. 말씀을 찬찬히 읽으면서 그 장면을 떠올리며 생각해보기 바랍니다. '대속자' 이신 메시아가 드디어 이 땅에 오신다. 나사렛 예수로 오시는 것을 말합니다. 병이 들어 피부가 짓물러서 기와 장으로 긁으면서 외칩니다.

'내 가죽이 벗김을 당한 뒤에도 내가 육체 밖에서 하나님을 보리라.' 실감 나지요. 피부가 망가지니까 통증으로 말할 수 없는 고통속에서도 자기가 피부병으로 죽는 건 아무것도 아니라고 합니다. 왜요?

내 구속자를 내 눈으로 보게 됐으니까요. 27절이 핵심입니다.

'내가 그를 보리니 내 눈으로 그를 보기를 낯선 사람처럼 하지 않을 것이라 내 마음이 초조하구나.'

'아! 정말 초조해진다. 빨리 이 육신을 벗고 구속자 예수 메시아를 봤으면 좋겠다. 이 아프고 슬프고, 고통스러운 육신에서 빨리 벗어나 내 영혼이 자유스러워져서, 죽어서 구세주를 빨리 만났으면 좋겠다.'

고통, 질병, 슬픔을 넘어 버립니다. 그렇게 영적으로 깊어진 겁니다. 욥기가 42장으로 되어있는데 42장 5절 말씀이 욥기의 결론입니다.

"내가 주께 대하여 귀로 듣기만 하였사오나 이제는 눈으로 주
를 뵈옵나이다" 욥기 42장 5절

욥이 병들기 전에는, 망하기 전에는 하나님에 대한 말을 귀로만 들었습니다. 다른 사람 간증 듣고, 다른 사람 이야기하는 걸 들었는데 완전히 바닥에 떨어진 뒤에는 온몸으로 하나님 만납니다. 영의 눈이 열

려서 오실 메시아 하나님을 보고 있습니다.

아! 이 말씀 참으로 귀한 말씀입니다. 그래서 우리가 한 세상 살아가면서 무엇이 성공이고, 무엇이 출세이고, 무엇이 잘나가는 건지 영적 기준이 분명해야 합니다. 끝에 가서 아는 겁니다.

53장에서는 고난받으러 오신 메시아가 어떤 메시아고 어떤 일을 하시는지 자세히 예언했습니다. 그래서 이사야서 53장을 일컬어 구약의 복음장, 그렇게 부릅니다. 이사야서 53장은 13절로 이루어져 있는데 이 본문은 암송해야 할 필요가 있습니다. 구약 성경 전체에서 오실 메시아에 대해서 가장 강력하게 확실하게 분명하게 기록했기 때문에 이사야서 53장 1절에서 13절까지 한 구절도 소홀히 할 수 없는 아주 정금 같이 소중한 내용입니다.

> "우리가 전한 것을 누가 믿었느냐 여호와의 팔이 누구에게 나타났느냐 그는 주 앞에서 자라나기를 연한 순 같고 마른 땅에서 나온 뿌리 같아서 고운 모양도 없고 풍채도 없은즉 우리가 보기에 흠모할 만한 아름다운 것이 없도다 그는 멸시를 받아 사람들에게 버림 받았으며 간고를 많이 겪었으며 질고를 아는 자라 마치 사람들이 그에게서 얼굴을 가리는 것 같이 멸시를 당하였고 우리도 그를 귀히 여기지 아니하였도다 그는 실로 우리의 질고를 지고 우리의 슬픔을 당하였거늘 우리는 생각하기를 그는 징벌을 받아 하나님께 맞으며 고난을 당한다 하였노라" 이사야 53장 1~4절

이사야 11장에서는 '싹'으로 나타나고 53장 1절에서는 '연한 순_밟으면 꺾일 것 같은 순' 으로 나옵니다. 메시아 그리스도께서 세상에 오시는데 환영받는 것이 아니라 멸시 받고 왕따 당하고 사람들에게 버림을 받았으며 간고_艱難辛苦를 많이 겪으셨을 뿐 아니라 질병과 고통, 밑바닥 사람들의 설움과 아픔과 고통을 몸소 겪으셨습니다.

우리 허물과 죄를 담당하셔서 속죄하시고 구원받게 하시는 일을 담당하는 메시아의 모습은 어떠했느냐? 53장 2절입니다.

'우리가 보기에 흠모할 만한 아름다운 것이 없도다.'

사람 보기에 무슨 주목할 만한, 미남이라든지 매력이 있다든지 그런 것이 전혀 없다는 것이지요. 사람들에게 특별한 모습이나 주목받고 인기 끌만 한 것이 전혀 없다는 말씀입니다.

특별히 3절의 '그는 멸시를 받아 사람들에게 버림을 받았으며 간고를 많이 겪었으며'라는 말씀은 서민들의 인생살이, 질고를 아신다는 말씀입니다.

모세, 욥, 이사야가 예언한 메시아의 모습은 결코 유대인이 바라는 메시아의 모습이 아닙니다. 영광된 하나님의 아들이지만 우리의 고난과 슬픔을 위로하시는 분이십니다.

이사야 53장

¹우리가 전한 것을 누가 믿었느냐 여호와의 팔이 누구에게 나타났느냐 ²그는 주 앞에서 자라나기를 연한 순 같고 마른 땅에서 나온 뿌리 같아서 고운 모양도 없고 풍채도 없은즉 우리가 보기에 흠모할 만한 아름다운 것이 없도다 ³그는 멸시를 받아 사람들에게 버림 받았으며 간고를 많이 겪었으며 질고를 아는 자라 마치 사람들이 그에게서 얼굴을 가리는 것 같이 멸시를 당하였고 우리도 그를 귀히 여기지 아니하였도다 ⁴그는 실로 우리의 질고를 지고 우리의 슬픔을 당하였거늘 우리는 생각하기를 그는 징벌을 받아 하나님께 맞으며 고난을 당한다 하였노라 ⁵그가 찔림은 우리의 허물 때문이요 그가 상함은 우리의 죄악 때문이라 그가 징계를 받으므로 우리는 평화를 누리고 그가 채찍에 맞으므로 우리는 나음을 받았도다 ⁶우리는 다 양

같아서 그릇 행하여 각기 제 길로 갔거늘 여호와께서는 우리 모두의 죄악을 그에게 담당시키셨도다 ⁷그가 곤욕을 당하여 괴로울 때에도 그의 입을 열지 아니하였음이여 마치 도수장으로 끌려 가는 어린 양과 털 깎는 자 앞에서 잠잠한 양 같이 그의 입을 열지 아니하였도다 ⁸그는 곤욕과 심문을 당하고 끌려 갔으나 그 세대 중에 누가 생각하기를 그가 살아 있는 자들의 땅에서 끊어짐은 마땅히 형벌 받을 내 백성의 허물 때문이라 하였으리요 ⁹그는 강포를 행하지 아니하였고 그의 입에 거짓이 없었으나 그의 무덤이 악인들과 함께 있었으며 그가 죽은 후에 부자와 함께 있었도다 ¹⁰여호와께서 그에게 상함을 받게 하시기를 원하사 질고를 당하게 하셨은즉 그의 영혼을 속건제물로 드리기에 이르면 그가 씨를 보게 되며 그의 날은 길 것이요 또 그의 손으로 여호와께서 기뻐하시는 뜻을 성취하리로다 ¹¹그가 자기 영혼의 수고한 것을 보고 만족하게 여길 것이라 나의 의로운 종이 자기 지식으로 많은 사람을 의롭게 하며 또 그들의 죄악을 친히 담당하리로다 ¹²그러므로 내가 그에게 존귀한 자와 함께 몫을 받게 하며 강한 자와 함께 탈취한 것을

나누게 하리니 이는 그가 자기 영혼을 버려 사망에 이르게 하며 범죄자 중 하나로 헤아림을 받았음이니라 그러나 그가 많은 사람의 죄를 담당하며 범죄자를 위하여 기도하였느니라

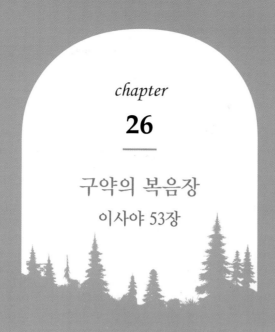

chapter

26

구약의 복음장
이사야 53장

"그는 실로 우리의 질고를 지고 우리의 슬픔을 당하였거늘 우리는 생각하기를 그는 징벌을 받아 하나님께 맞으며 고난을 당한다 하였노라 그가 찔림은 우리의 허물 때문이요 그가 상함은 우리의 죄악 때문이라 그가 징계를 받으므로 우리는 평화를 누리고 그가 채찍에 맞으므로 우리는 나음을 받았도다 우리는 다 양 같아서 그릇 행하여 각기 제 길로 갔거늘 여호와께서는 우리 모두의 죄악을 그에게 담당시키셨도다"

이사야 53장 4~6절

"하나님이 세상을 이처럼 사랑하사 독생자를 주셨으니 이는 그를 믿는 자마다 멸망하지 않고 영생을 얻게 하려 하심이라"

요한복음 3장 16절

이사야서 53장 4절에서 6절까지를 구약의 요한복음 3장 16절이다. 그렇게 부릅니다. 어떤 성경학자는 신약의 요한복음 3장 16절, 작은 복음이라고 합니다. 신약의 요한복음 3장 16절과 구약의 이사야서 53장 4절에서 6절까지만 있으면 기독교는 흔들리지 않는다고까지 말합니다. 성경의 골자 중의 골자가 이사야서 53장 4절에서 6절입니다.

살아가면서 슬프고 한스럽고 낙심되는 일이 많지요. 위로를 받읍시다. 슬픔을 예수님이 지고 갔습니다. 이미 지고 갔습니다. 남은 건 뭡니까? 기쁨이 남았지요. '슬픔이여 안녕'이라는 유명한 소설 제목도 있지요. 예수님께서 슬픔을 지고 가셨습니다. 아픔과 상처를 지고 가셨습니다. 슬픔과 고통을 예수님이 다 지고 갔으니 우리한테 남은 것은 기쁨과 감사, 은혜가 남아 있습니다.

'그가 찔림은 우리의 허물 때문이요_십자가에 달려서 로마 병정이 옆구리를 창으로 찔렀지요.'

우리가 찔려야 하는데 우리 대신에 오신 메시아, 예수 그리스도께서 찔리셨습니다. 채찍에 맞고, 창에 찔리고, 못에 박히시고 온몸이 상하신 것이 우리의 허물과 죄악으로 인함인데 예수님이 십자가에서 다 이루셨습니다.

하나님과 우리 사이가 죄로 인하여 불화하고 관계가 끊어졌는데 예수님이 그 죄악을 대신 담당하심으로 하나님과 우리 사이에 평화가 이루어졌다는 복음의 소식입니다. 그래서 우리가 마음에 병이 들었을 때, 몸이 병에 들었을 때, 우리 대신 질병, 고통을 대신 지고 가신 예수 님께 기도하는 것입니다.

그런데 이 구약의 예언은 창세기에서부터 시작됩니다. 창세기 3장 15절에 남자를 거치지 않는 처녀 마리아가 잉태하여 아들을 낳을 예언 이 벌써 나옵니다. 그래서 성경을 읽을 때, 그런 복음적인 관점, 구속 사적인 관점에서 읽어야 은혜가 깊어집니다.

인류의 조상이 에덴동산에서 하나님의 말씀을 불순종해서 먹지 말 라는 선악과를 먹고 불순종했을 때, 하나님이 그들을 심판하셨습니 다. 심판하는 말씀이 창세가 3장에 나오는데, 창세기 3장 13절에 '여호 와 하나님이 여자에게 이르시되 네가 어찌하여 이렇게 하였느냐 여자 가 이르되 뱀이 나를 꾀므로 내가 먹었나이다' 여자가 핑계를 뱀한테 댑니다. 그리고 아담에게 '네가 어찌해서 금하는 법을 어겼느냐?'고 하 니 하나님이 주신 여자가 권해서 먹었다고 합니다.

아담은 여자에게 책임을 전가하고, 여자는 뱀에게 전가하니 하나님 이 심판하시는데, 뱀, 사탄의 앞잡이지요. 지금 땅에 기어 다니는 뱀이 아니고 사탄의 앞잡이를 말합니다. 우리가 어릴 때, 어려서부터 교회 다녔으니까 산에 소 먹이러 가거나 꼴 베러 가다가 길에서 뱀을 만나 면 하와 할머니를 타락시킨 사탄이라고 무조건 다 죽였습니다. 죽여서 나무에 걸어놓았습니다. 순진한 생각이지요.

설마 지금 길에 다니는 뱀을 말하겠습니까? 사탄의 앞잡이들을 총 칭해서 그렇게 말하겠지요. 창세기 3장 14절, 오실 메시아, 그리스도 에 대한 예언, 그리스도께서 이룰 구원 사역이 창세기 3장에서부터 이미 예언하고 있다는 것을 지금 공부하는 겁니다. 3장 14절에 하나님께서 뱀을 저주하십니다.

> "여호와 하나님이 뱀에게 이르시되 네가 이렇게 하였으니 네가 모든 가축과 들의 모든 짐승보다 더욱 저주를 받아 배로 다니고 살아 있는 동안 흙을 먹을지니라" 창세기 3장 14절

그다음 15절을 일컬어 '원복음' 즉 '오리지날 가스펠'이라 합니다. 아주 가장 기초적인, 기본 복음이라 해서 '원복음'이라 그럽니다. 평소에 우리가 창세기 3장 15절 읽으면서 그 속에, 복음에 대한 가장 기본적인 예언 선포가 들어 있다는 것을 모르고 읽기 쉽습니다.

> "내가 너로 여자와 원수가 되게 하고 네 후손도 여자의 후손과 원수가 되게 하리니 여자의 후손은 네 머리를 상하게 할 것이요 너는 그의 발꿈치를 상하게 할 것이니라 하시고"
> 창세기 3장 15절

'너로 여자와 원수가 되게 하고'에서 여자는 남자를 상관하지 않았던 마리아를 말합니다. 사탄의 앞잡이 뱀과 메시아를 낳은 마리아는 서로 원수가 됩니다. 여기에 후손이 둘이 나옵니다. 사탄의 후손과 여자의 후손, 그리스도와의 영적 싸움을 말합니다.

'여자의 후손은 네 머리를 상하게 할 것이요 너는 그의 발꿈치를 상

하게 할 것이니라.'

　사탄의 후손은 여자의 후손인 예수님이 십자가에 달리실 때 발꿈치에 못을 박았지요. 발꿈치에 못을 박으면 고통은 심하지만, 생명은 지장이 없기에 부활하심으로 살아나셨습니다.

　그런데 여자의 후손은 사탄의 후손의 어디를 상하게 합니까? 머리를 상하게 합니다. 머리를 상하게 하면 죽습니다. 그래서 창세기 3장 15절이 '원복음'입니다. 영적 싸움을 통해서 사탄의 후손은 메시아의 발꿈치를 상하게 발에 못을 박았잖습니까? 그러나 멸망시키지는 못합니다. 그러나 여자의 후손 메시아, 예수 그리스도는 사탄의 후손의 머리를 상하게 해서 멸망시키는 그 역사가 요한계시록에 가서 마무리되는 겁니다.

　요한계시록에 사탄의 세력을 완전히 멸망시키고 하나님의 나라가 이루어지는 창세기에서 계시록 사이에 하나님의 구원 역사의 이야기가 영화처럼 쭉 전개가 됩니다. 우리가 성경을 앞에 놓고 창세기 3장 15절에서부터 요한계시록의 이야기까지 파노라마 영화를 보듯이 볼 수 있는 영적인 그림이 그려져야 합니다.

　창세기 3장 15절 '내가 너로 여자의 후손과 원수가 되게 하고 네 후손도 여자의 후손과 원수가 되게 하리니 여자의 후손은 네 머리를 상하게 할 것이고 너는 그의 발꿈치를 상하게 할 것이니라'라는 말씀이 이해가 갔습니까?

　성경을 한 구절, 한 장에 매이지 말고 전체를 구원 역사로, 전체를 읽을 수 있는 그런 영적 안목, 훈련이 있어야 합니다.

"때가 차매 하나님이 그 아들을 보내사 여자에게서 나게 하시
고 율법 아래에 나게 하신 것은 율법 아래에 있는 자들을 속량
하시고 우리로 아들의 명분을 얻게 하려 하심이라"

갈라디아서 4장 4~5절

'때가 차매' 이 땅에 오신 하나님이신 그리스도께서 오셔서 역사하시는 때입니다. 성경에는 남자의 아들, 여자의 아들, 두 아들이 있습니다. 남자의 아들 즉 아담의 아들은 인류 전체입니다. 복수지요. 여자의 아들은 항상 단수입니다. 누구를 말하겠습니까? 오직 메시아, 예수 그리스도 한 분이십니다.

이 땅에 오신 하나님 그리스도께서 여자 마리아에게서 나게 하신 역사를 간결하게 설명합니다.

'때가 차매 하나님이 그 아들을 보내사 여자에게서 나게 하시고.'

그 여자가 남자를 거치지 않는 여자 마리아를 말합니다.

'율법 아래 나게 하신 것은' 율법 아래 있는 자들, 남자의 아들들인 인류를 속량하여 대신 죽으시고 죄를 속량하게 하시고 우리로 아들의 명분을 얻게 하려 하심입니다. 복음의 진수가 이 속에 들어 있습니다. 좀 어렵습니까? 이해가 갑니까? 말씀을 통해서 하나, 하나 연결되어서 이해가 가야 합니다. 먼저 머리로 이해하고 가슴에 뜨겁게 임해서 온몸으로 헌신하는 삶을 살기 바랍니다.

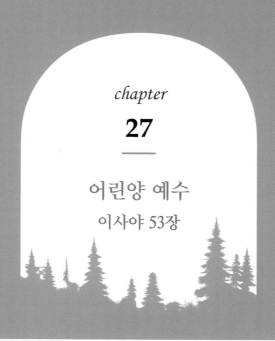

chapter

27

—

어린양 예수
이사야 53장

"우리는 다 양 같아서 그릇 행하여 각기 제 길로 갔거늘 여호
와께서는 우리 모두의 죄악을 그에게 담당시키셨도다 그가 곤
욕을 당하여 괴로울 때에도 그의 입을 열지 아니하였음이여
마치 도수장으로 끌려 가는 어린 양과 털 깎는 자 앞에서 잠잠
한 양 같이 그의 입을 열지 아니하였도다" 이사야 53장 6~7절

양이 분별없이 이리 저리 제 길로 흩어지면 목자가 다 한 길로 모아
줍니다. 그래서 목자가 필요합니다.

'우리는 다 양 같아서 그릇 행하여 각기 제 길로 갔거늘 여호와께서
우리 모두의 죄악을 그에게 담당시키셨도다.'

우리가 저야 할 죄를 어린양 예수님께서 대신 지고 갔다. 하나님이
어린양 예수에게 우리 죄를 다 지고 가게 했다는 말씀입니다. 요한복

음 1장 29절이 그 말씀입니다.

> "이튿날 요한이 예수께서 자기에게 나아오심을 보고 이르되 보라 세상 죄를 지고 가는 하나님의 어린 양이로다" 요한복음 1장 29절

세례요한이 광야에서 예수님을 보고 세상 죄를 지고 가는 하나님의 어린양이라고 말합니다. 하나님의 어린양, 예수 그리스도. 우리의 질병과 고통, 슬픔을 지고 가신 예수님을 찬양해야 합니다. 복음적 신앙의 알맹입니다. 이 말씀에 우리 가슴이 뜨거워져야 합니다. 이런 말씀 읽으면서 감동이 임해야 합니다.

'보라 세상 죄를 지고 가는 하나님의 어린양이로다.'

요한복음 1장 36절, '예수께서 거니심을 보고 말하되 보라 하나님의 어린 양이로다'라는 말씀도 같은 말씀입니다. 우리들의 허물과 죄를 대신 지고 광야로 가시는 하나님의 어린 양입니다. 이 말씀의 출발은 구약의 레위기 16장, 속죄일에 대한 말씀입니다. 세상 죄를 지고 가는 어린 양에 대한 기록입니다.

> "이스라엘 자손의 회중에게서 속죄제물로 삼기 위하여 숫염
> 소 두 마리와 번제물로 삼기 위하여 숫양 한 마리를 가져갈지
> 니라 아론은 자기를 위한 속죄제의 수송아지를 드리되 자기와

집안을 위하여 속죄하고 또 그 두 염소를 가지고 회막 문 여호
와 앞에 두고 두 염소를 위하여 제비 뽑되 한 제비는 여호와를
위하고 한 제비는 아사셀을 위하여 할지며 아론은 여호와를
위하여 제비 뽑은 염소를 속죄제로 드리고 아사셀을 위하여
제비 뽑은 염소는 산 채로 여호와 앞에 두었다가 그것으로 속
죄하고 아사셀을 위하여 광야로 보낼지니라" 레위기 16장 5~10절

이스라엘 달력으로 매년 7월 10일, 7월 10일을 '대 속죄일'로 지키는
데 그날은 온 국민이 하루 금식을 합니다. 남녀노소 환자들까지 전체
가 다 금식하니까 스스로 괴롭게 하는 날로 불립니다.

이스라엘 자손의 속죄 제물로 삼기 위한 숫염소 두 마리와 번제물로
삼기 위한 숫양 한 마리를 가져가서 두 마리 염소 중에 한 마리는 죽여
서 그 피를 가지고 지성소에서 속죄 제사를 지내고 다른 한 마리는 산
채로 여호와 앞에 두었다가 '대 속죄일'에 대제사장이 나와서 두 뿔 사
이에 안수합니다.

'모든 백성의 죄를 대신 지고 갈지니라'라고 안수를 하고 제사장이
안고 사막으로 들어갑니다. 그리고 돌아오지 못할 곳에 버려두고 옵니
다. 그러면 사막에서 목말라 죽거나 이리한테 물려 죽습니다. 이것을
아사셀 양, 아사셀 염소라고 합니다. 이스라엘 사람들이 지나가다가
아사셀 양, 염소가 죽은 걸 보고 아, 우리 죄를 지고 간 양이로구나, 염
소로구나, 그렇게 아는 겁니다.

우리의 지난날의 허물과 죄를 예수님이 대신 지고 가셨기 때문에 우

리의 허물과 죄는 다 용서 받았습니다. 너희 허물과 죄를 기억도 하지 아니하리라는 그 말씀이 우리 마음속에 살아 있어야 합니다.

'그가 곤욕을 당하여 괴로울 때에도 그의 입을 열지 아니하였으며.' 예수님이 잡히시던 날, 마지막 날 밤에 심판받을 때 조용히 입을 열지 아니하고 그냥 어린 양처럼 침묵하였습니다.

'마치 도수장으로 끌려가는 어린 양이 털 깎는 자 앞에서 잠잠한 양 같이 그의 입을 열지 아니하였도다.'

예수님은 철저하게 구약의 예언을 성취하셨습니다.

> "그는 곤욕과 심문을 당하고 끌려 갔으나 그 세대 중에 누가
> 생각하기를 그가 살아 있는 자들의 땅에서 끊어짐은 마땅히
> 형벌 받을 내 백성의 허물 때문이라 하였으리요" 이사야 53장 8절

예수님이 십자가 지고 가시는 그 길이 만인의 죄를 위하여 가시는 길이라고 아무도 생각하지 않았습니다. 그랬으면 십자가에 못 박히게 내어주지 않았을 것입니다.

> "그가 자기 영혼의 수고한 것을 보고 만족하게 여길 것이라
> 나의 의로운 종이 자기 지식으로 많은 사람을 의롭게 하며 또
> 그들의 죄악을 친히 담당하리로다 그러므로 내가 그에게 존
> 귀한 자와 함께 몫을 받게 하며 강한 자와 함께 탈취한 것을
> 나누게 하리니 이는 그가 자기 영혼을 버려 사망에 이르게 하

며 범죄자 중 하나로 헤아림을 받았음이니라 그러나 그가 많
은 사람의 죄를 담당하며 범죄자를 위하여 기도하였느니라"
이사야 53장 11~12절

예수님은 자기의 고난과 희생을 통하여 하나님의 뜻을 이루는 것에
만족하셨습니다. 십자가 위에 달리셨을 때 일곱 마디 말씀을 하셨는데
그것을 '십자가상의 칠언'이라 합니다. 숨지시기 전에 마지막으로 '다
이루었다'라고 하셨습니다.

"예수께서 신 포도주를 받으신 후에 이르시되 다 이루었다 하
시고 머리를 숙이니 영혼이 떠나가시니라" 요한복음 19장 30절

어린 양 예수님께서 십자가를 지심으로 모든 죄악을 담당하사 율법
을 '다 이루시고' 새 언약을 세우셨습니다. 마지막 12절이 이사야 53장
의 결론입니다.

'그러므로'입니다. '그가 많은 사람의 죄를 담당하며' 그 많은 사람
중에 나도 포함된 것에 '아멘' 하시기 바랍니다. 이사야서 53장에 기록
된 고난받는 종, 예수 그리스도의 모습을 우리 마음속에 확실하게 잘
박힌 못처럼 새길 수 있게 되기 바랍니다.

'그가 채찍에 맞았기 때문에 하나님과 우리 사이에 평화를 누리게
되고 그가 고통을 받았기 때문에 우리는 회복되고 치료되고 나음을 입
었다'는 말씀이 반드시 우리 자신의 신앙고백이 될 수 있어야 합니다.

이사야 55장

¹오호라 너희 모든 목마른 자들아 물로 나아오라 돈 없는 자도 오라 너희는 와서 사 먹되 돈 없이, 값 없이 와서 포도주와 젖을 사라 ²너희가 어찌하여 양식이 아닌 것을 위하여 은을 달아 주며 배부르게 하지 못할 것을 위하여 수고하느냐 내게 듣고 들을지어다 그리하면 너희가 좋은 것을 먹을 것이며 너희 자신들이 기름진 것으로 즐거움을 얻으리라 ³너희는 귀를 기울이고 내게로 나아와 들으라 그리하면 너희의 영혼이 살리라 내가 너희를 위하여 영원한 언약을 맺으리니 곧 다윗에게 허락한 확실한 은혜이니라 ⁴보라 내가 그를 만민에게 증인으로 세웠고 만민의 인도자와 명령자로 삼았나니 ⁵보라 네가 알지 못하는 나라를 네가 부를 것이며 너를 알지 못하는 나라가 네게로 달려올 것은 여호와 네 하나님 곧 이스라엘의 거룩하신

이로 말미암음이니라 이는 그가 너를 영화롭게 하였느니라 ⁶너희는 여호와를 만날 만한 때에 찾으라 가까이 계실 때에 그를 부르라 ⁷악인은 그의 길을, 불의한 자는 그의 생각을 버리고 여호와께로 돌아오라 그리하면 그가 긍휼히 여기시리라 우리 하나님께로 돌아오라 그가 너그럽게 용서하시리라 ⁸이는 내 생각이 너희의 생각과 다르며 내 길은 너희의 길과 다름이니라 여호와의 말씀이니라 ⁹이는 하늘이 땅보다 높음 같이 내 길은 너희의 길보다 높으며 내 생각은 너희의 생각보다 높음이니라 ¹⁰이는 비와 눈이 하늘로부터 내려서 그리로 되돌아가지 아니하고 땅을 적셔서 소출이 나게 하며 싹이 나게 하여 파종하는 자에게는 종자를 주며 먹는 자에게는 양식을 줌과 같이 ¹¹내 입에서 나가는 말도 이와 같이 헛되이 내게로 되돌아오지 아니하고 나의 기뻐하는 뜻을 이루며 내가 보낸 일에 형통함이니라 ¹²너희는 기쁨으로 나아가며 평안히 인도함을 받을 것이요 산들과 언덕들이 너희 앞에서 노래를 발하고 들의 모든 나무가 손뼉을 칠 것이며 ¹³잣나무는 가시나무를 대신하여 나며 화석류는 찔레를 대신하여 날 것이라 이것이 여호와의 기념이 되며 영영한 표징이 되어 끊어지지 아니하리라

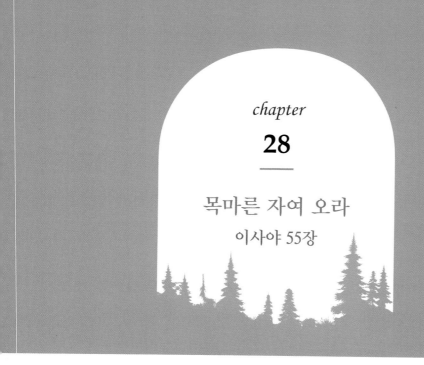

목마른 자여 오라
이사야 55장

"오호라 너희 모든 목마른 자들아 물로 나아오라 돈 없는 자도
오라 너희는 와서 사 먹되 돈 없이, 값 없이 와서 포도주와 젖
을 사라" 이사야 55장 1절

물을 못 마셔 목마른 것이 아니라 영혼의 목마름, 영혼의 기갈증을
말합니다. 영혼이 메마르면 사람이 황폐해지고 기진맥진해집니다. 20
세기의 과학자, 학자들이 21세기가 되면 종교가 필요 없어 종교가 사
라지는 시대가 될 것이라고 이구동성으로 예언했습니다. 그러나 21세
기 들어와서 실제는 종교에 대한 갈증, 종교에 대한 요구가 더 심해지
는 것을 온몸으로 느끼게 됩니다.

그런데 참된 종교, 진리의 종교가 제 역할을 하지 못하면 영혼의 목
마름 때문에 이 나라, 저 나라, 이 국민, 저 국민, 할 것 없이 인간 영혼

을 오히려 황폐시키는 사이비 종교들이 더 판을 벌이게 됩니다.

요즘 뇌과학자들이 연구한 결과에 의하면 인간의 뇌 뒤편, 대뇌의 뒤편에 종교활동을 전담하는 세포군, 세포의 덩어리가 있다고 합니다. 종교 담당 세포가 거기에 무리 지어 있는 것을 발견했습니다. 그래서 무신론 과학자들은 인간이 길고 긴 진화 과정에서 종교에 대한 필요성으로 그 뇌 속에 종교 담당 세포군이 형성된 것이라고 해석하기도 합니다.

하지만 그것은 결코 우리가 받아들일 수 없는 주장입니다. 내 생각은 '하나님이 사람을 창조하실 때, 하나님을 경배하고 찬양하는 역할을 하는 부서를 뇌 속에 이렇게 창조해 놓으셨다. 그래서 인간의 그 종교성이 채워지지 않으면 사람은 황폐해지고 성품이 거칠어지고 사람다운 모습을 잃어가게 된다'고 생각합니다.

창세기 1장에 분명히 기록하고 있습니다.

'하나님이 사람을 지으실 때, 하나님의 형상을 따라 지으셨다. 그래서 하나님의 형상을 따라 사람을 지으신 후에 복을 주셔서 그 복을 누리고 살게 하셨다.'

하나님의 형상을 많이 품고 있으면 행복감을 느끼고 감사하게 되고 삶에 윤기가 있게 되는데 하나님의 형상을 잃어버리게 되면 영혼의 기갈, 영혼의 목마름이 심해지고 성품이 황폐해지게 됩니다.

하나님을 잃어버린 인간은 헛된 것을 쫓습니다. 자기 영혼을 채워주지 못하는 세상 적인 것, 쾌락, 물질, 세상의 명예, 이런 것을 쫓아가다가 헛된 길을 가게 됩니다. 하나님과의 만남, 하나님에 대한 경배, 찬양에서 참 행복과 기쁨이 오는데, 영혼의 평화가 오는 것인데 하나님을 잃어버린 인간은 황폐해지고 거기에 뒤따라서 여러 가지 질병, 여러 가지 갈등이 생기게 됩니다.

> "너희가 어찌하여 양식이 아닌 것을 위하여 은을 달아 주며 배부르게 하지 못할 것을 위하여 수고하느냐 내게 듣고 들을지어다 그리하면 너희가 좋은 것을 먹을 것이며 너희 자신들이 기름진 것으로 즐거움을 얻으리라" 이사야 55장 2절

그런데 이런 질병, 정신, 불안, 이런 목마른 영혼은 하나님을 만나야 해결됩니다. 그래서 하나님께서 '나에게로 와서 나와 언약을 맺자'라고 하신 것이 2절입니다. 하나님을 찾아서 하나님을 인격적으로 만나면 다 해결될 것을 엉뚱한 데 가서 찾지 말라는 말씀입니다. 길 아닌 길을 걸어가고 하나님과 멀어지는 삶을 날마다 살고 있으니 얼마나 목이 마르겠습니까?

> "너희는 귀를 기울이고 내게로 나아와 들으라 그리하면 너희의 영혼이 살리라 내가 너희를 위하여 영원한 언약을 맺으리니 곧 다윗에게 허락한 확실한 은혜이니라" 이사야 55장 3절

'너와 나 사이에 영원한 언약이 있다.'
말씀으로 된 계약이 언약입니다. 하나님과 우리 사이에 언약이 있습

니다. 다윗 언약입니다. 다윗과 하나님 사이에 맺어진 언약을 다윗 언약이라고 하는데 역대상 17장 11절 말씀에 다윗 언약이 나옵니다.

> "네 생명의 연한이 차서 네가 조상들에게로 돌아가면 내가 네
> 뒤에 네 씨 곧 네 아들 중 하나를 세우고 그 나라를 견고하게
> 하리니" 역대상 17장 11절

'씨'라는 말이 나오지요. 매우 중요합니다. 항상 단수로 쓰입니다. 바로 오실 메시아, 그리스도를 '씨'로 표현합니다. 다윗의 씨, 다윗의 후손 중에 태어나실 그리스도를 말합니다.
'그를 세워서 견고한 나라를 세우겠다.'
14절이 다윗 언약의 골자입니다.

> "내가 영원히 그를 내 집과 내 나라에 세우리니 그의 왕위가
> 영원히 견고하리라 하셨다 하라" 역대상 17장 14절

영원히 망하지 아니하고 기초가 흔들리지 않는 나라를 세우시겠다고 하셨습니다. 이사야서 55장에서 다윗 언약의 전통을 이어서 내가 너와 영원한 언약을 세운다는 것이 하나님이 우리에게 주시는 약속입니다. 그러니까 우리가 다 특별한 사람들입니다. 이사야 55장으로 다시 돌아갑니다.
하나님께서 다윗 언약의 그 전통을 따라서 너희 한 사람, 한 사람과

영원한 언약을 맺었습니다. 우리가 바로 언약의 백성입니다. 언약의 백성인 우리가 해야 할 일이 있습니다.

> "너희는 여호와를 만날 만한 때에 찾으라 가까이 계실 때에 그
> 를 부르라 악인은 그의 길을, 불의한 자는 그의 생각을 버리고
> 여호와께로 돌아오라 그리하면 그가 긍휼히 여기시리라 우리
> 하나님께로 돌아오라 그가 너그럽게 용서하시리라"
>
> 이사야 55장 6~7절

바로 지금이 여호와를 부르짖어서 만날 때입니다. 종교학에서는 종교를 둘로 나눕니다.

첫째는 장소를 중요시하는 공간 종교입니다.
둘째는 때, 시간을 중요시하는 시간 종교입니다.

대표적인 경우가 요한복음 4장 사마리아 여자와 말씀하시는 예수님의 말씀입니다. 사마리아 수가 성 우물가의 박복했던 여인, 남편 다섯을 거쳤던 한 많은 여인이지요. 그 여인과 예수님이 대화를 하셨습니다.

> "여자가 이르되 주여 내가 보니 선지자로소이다 우리 조상들
> 은 이 산에서 예배하였는데 당신들의 말은 예배할 곳이 예루
> 살렘에 있다 하더이다" 요한복음 4장 19~20절

사마리아인들은 사마리아산에서 예배드려야 한다고 하고 당신들은
예루살렘에서 예배드려야 한다고 하는데 어느 것이 맞습니까? 사마리
아에서 예배드려야 합니까? 예루살렘에서 예배드려야 합니까? 예배드
리는 장소를 말하지요. 일컬어 '공간 종교'라고 합니다.

> "예수께서 이르시되 여자여 내 말을 믿으라 이 산에서도 말고
> 예루살렘에서도 말고 너희가 아버지께 예배할 때가 이르리라"
> 요한복음 4장 21절

그러나 예수님은 사마리아에서도 말고 예루살렘에서도 말고 너희
아버지께 예배할 '때'가 이르리라고 하셨습니다. 아버지께 예배할 '때'
가 중요한 것이지 장소가 사마리아냐? 예루살렘이냐? 그것이 중요한
것이 아니라는 말씀입니다.

> "너희는 알지 못하는 것을 예배하고 우리는 아는 것을 예배하
> 노니 이는 구원이 유대인에게서 남이라 아버지께 참되게 예배
> 하는 자들은 영과 진리로 예배할 때가 오나니 곧 이 때라 아버
> 지께서는 자기에게 이렇게 예배하는 자들을 찾으시느니라 하
> 나님은 영이시니 예배하는 자가 영과 진리로 예배할지니라"
> 요한복음 4장 22~24절

언제입니까? '이때다' 지금 이 자리에서, 살아계신 하나님, 영원한

언약을 맺은 하나님께 지금, 여기서, 예배하는 것입니다. 장소보다 때가 중요합니다. 예배 받으시기를 기뻐하시는 하나님이 진정으로 예배하는 자를 지금도 찾으십니다.

'하나님은 영이시니 예배하는 자가 영과 진리로 예배할지니라.'

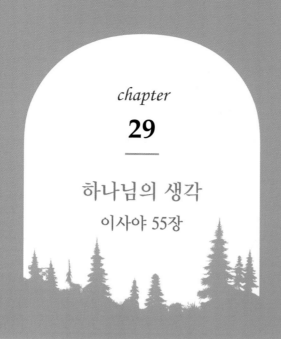

chapter

29

하나님의 생각
이사야 55장

"이는 내 생각이 너희의 생각과 다르며 내 길은 너희의 길과
다름이니라 여호와의 말씀이니라" 이사야 55장 8절

참으로 당연한 말씀입니다. 그런데 우리 신앙인들은 자기 생각을 앞
세우면서도 하나님의 생각을 핑계 대고 대치하는 함정에 빠지기 쉽습
니다. 자기 생각을 가지고 '하나님의 생각이다, 하나님의 뜻이다'라고
고집부리다가 육신의 열매가 맺어지고 불안과 분쟁의 열매가 맺어집
니다. 내 생각을 내려놓고 하나님의 생각을 앞세울 때, 평화가 오고 감
사가 오고 끝이 좋아집니다. 그래서 이 8절 말씀이 우리가 꼭 암송해
야 할 구절입니다.

"이는 하늘이 땅보다 높음 같이 내 길은 너희의 길보다 높으며

내 생각은 너희의 생각보다 높음이니라" 이사야 55장 9절

하나님의 생각과 사람의 생각이 질적으로 다르다는 겁니다. 하늘이 땅보다 높은 것 같이 하나님의 생각과 사람의 생각, 하늘의 생각과 땅의 생각이 다르다는 겁니다. 우리가 참된 신앙인의 길을 간다는 것은 사람의 생각, 땅의 생각을 벗어나서 하나님의 생각을 깨닫고 그 하나님의 생각에 우리 삶을 맞추는 것입니다.

하나님을 우리 쪽으로 끌어내릴 수는 없지 않습니까? 우리가 하나님 쪽으로 맞추어서 하나님이 기뻐하시는 길로 걸어가고 하나님의 생각이 뭔지 깨달아서 거기에 맞추어서 살아가야 하는데 우리가 잘못 생각하면 자꾸 우리 생각을 하면서 하나님을 끌어내리려고 합니다.

그래서 기도드릴 때, '내가 원하는 걸 주시옵소서. 주시옵소서'하는 것은 초신자 때의 기도입니다. 하나님께서 응답도 하십니다. 그러나 영적으로 연륜이 깊어지고 영적 수준이 높아지면서 기도가 바뀌어 갑니다.

'하나님, 내 생각은 이렇습니다마는 내 생각보다 하나님의 뜻을 이루는 도구가 되기를 원합니다.'

그렇게 기도가 깊어지는 것입니다. 영적으로 깊어지면 자기는 십자가 밑에 내려놓고 내 인생, 내 청춘, 내 삶을 통해서 하나님이 쓰시고자 하시는 것이 무엇인지 묻는 것입니다.

'나를 향하신 하나님의 뜻이 무엇인지요?'

하나님의 생각은 내 생각과는 다르다 했으니 나를 향한 하나님의 뜻이 무엇이지 영적으로 깊이 들어가서 분별을 잘해야 하는데, 우리 스스로 자기 생각의 함정에 빠지기 쉽습니다. 내 생각, 내 아이디어, 내 고집을 내세워서 하나님의 생각을 대치시키기 쉽습니다. 누가복음 22장 예수님의 기도에 바로 그 기도가 나옵니다. 예수님께서 잡히시기 전, 감람산 올리브 과수원에 가셔서 땀방울이 핏방울이 되도록 간절히 기도했습니다.

"그들을 떠나 돌 던질 만큼 가서 무릎을 꿇고 기도하여 이르시되 아버지여 만일 아버지의 뜻이거든 이 잔을 내게서 옮기시옵소서 그러나 내 원대로 마시옵고 아버지의 원대로 되기를 원하나이다 하시니" 누가복음 22장 41~42절

이 땅에 오신 하나님이신 예수님도 기도하시는 것이 습관입니다. 정한 시간, 정한 날 습관을 따라 기도하셨습니다. 우리 자신을 잘 살펴야 할 말씀입니다.

'내가 원하는 내 생각이 아니라 나를 향해서 아버지께서 이루시고자 하시는 그 뜻에 내가 쓰임 받기를 원합니다.'

예수님께서 혼자 올리브 과수원에 무릎을 꿇고 그렇게 기도하셨습니다.

'내 뜻은 존경받고 노후에 편안히 인생 살기를 원합니다. 그러나 이것은 내 생각, 내 뜻이고 아버지의 뜻이 내가 십자가를 지는 것이고 고

난을 당하는 것이라면 아버지의 뜻대로 되기를 원합니다.'

예수님이 잡혀서 십자가에 죽으시기 전, 마지막 날 드린 기도가 바로 이 기도입니다.

'아버지의 뜻대로 되기를 원하나이다.'

> "율법을 따라 거의 모든 물건이 피로써 정결하게 되나니 피흘림이 없은즉 사함이 없느니라" 히브리서 9장 22절

> "이 뜻을 따라 예수 그리스도의 몸을 단번에 드리심으로 말미암아 우리가 거룩함을 얻었노라" 히브리서 10장 10절

하나님 아버지의 뜻, 하나님의 생각에 순종하시는 예수님의 구속의 말씀입니다. 우리가 암송해야 할 귀한 말씀입니다. 유월절 어린양으로 십자가에 피 흘려 죽으심으로 제사를 한 번에 마치셨습니다. 그래서 우리를 구원의 길에 이르게 하셨습니다. 이것이 하나님의 뜻입니다. 하나님의 계획에 우리가 아멘하고 받아들이는 것이 신앙의 출발점입니다. 진정으로 '아멘 감사합니다'라고 할 때 구원에 이르는 확신이라는 말입니다.

예레미야서 29장 11절 보면 하나님의 생각에 대해서 확실하게 말씀하십니다. 우리가 하나님을 너무 두려워하고 하나님에 대해서 공포심을 가지고 하나님 그러면 '지옥불' 생각하고 이런 사람들이 있어요. 그것은 구약 수준의 신앙에 머물러 있는 율법적인 신앙입니다.

"여호와의 말씀이니라 너희를 향한 나의 생각을 내가 아나니 평안이요 재앙이 아니니라 너희에게 미래와 희망을 주는 것이니라 너희가 내게 부르짖으며 내게 와서 기도하면 내가 너희들의 기도를 들을 것이요 너희가 온 마음으로 나를 구하면 나를 찾을 것이요 나를 만나리라" 예레미야 29장 11~13절

참 감사하지요. 하나님이 우리에게 용서와 평안을 주시고 미래에 대한 희망을 주시려는 것이지 재앙을 주시고 벌주시려는 것이 아니라는 말씀입니다. 하나님의 생각에 대해서 우리가 신뢰하고 감사드리고 찬양해야 합니다. 목회자들이나 부흥사들이 죄의식을 너무 강조하다 보면 이것이 마음의 부담이 되어서 나이 들어가면서 행동이 부자유스럽습니다.

순종하며 하나님 앞으로 나와서 부르짖고 기도하면 하나님께서 만나주시고 우리에게 한없는 위로와 용서의 기쁨을 허락하십니다.

미래에 대한 소망이 하나님의 생각입니다. 사람의 생각과 사람의 길을 떠나서 하나님의 생각으로 하나님이 기뻐하시는 길로 걸어갈 때 그때 개인도 공동체도 평강으로 넘치는 소망으로 간다는 것이 얼마나 우리에게 복된 메시지입니까? 그런 하나님의 생각 하나님의 길을 따르는데 우리가 더욱 열심을 품는 성도들이 되어야 합니다.

금식기도의 능력
이사야 58장

이사야 58장은 특별히 금식에 대하여 강조합니다. 우리 한국 교인들은 기도하는 일에 뜨겁습니다. 누가 일본 교회, 대만 교회, 한국 교회를 비교했습니다.

일본 교회는 성경 공부하는 교회라서 기독교가 참 약한데도 세계적인 성경학자들이 여러 명 배출되었습니다. 대만 교회는 찬양하는 교회입니다. 예배드리기 전에 여덟 곡, 아홉 곡 그렇게 부릅니다. 한 시간 예배 시간이 찬송이 한 절반, 설교는 한 십분, 그렇게 예배를 드립니다. 한국 교회는 기도하는 교회입니다. 합심 기도, 금식기도, 철야기도, 산기도, 우리 한국 교회는 기도하는 교회입니다.

기도 중에 금식기도가 참 중요합니다. 내가 금식기도를 시작하게 된 것은, 서른 살에 청계천 빈민촌에 들어갔는데 환자가 너무 많고, 굶는 사람도 많고 또 동네 사람들이 어떻게 밤마다 싸우는지 싸움이 없는 날이 없어요. 그래서 감당하다가, 감당하다가 나중에는 힘들어 도저히 못 하겠다는 마음이 들어 마을을 떠날까? 짐 묶어두고 고민하다가 금식을 시작했습니다.

청계천 빈민들이 위생도 엉망, 사는 것도 엉망이라 마을에 결핵환자가 많이 나왔습니다. 내가 주민등록표처럼 교회에 전부 카드를 만들어 놓고 결핵 담당 간호사 한 명을 우리가 직원으로 모시고 매일 그 사람들을 점검했습니다. 이 결핵이라는 것이 약을 한번 먹으면 완전히 끝날 때까지 계속 먹어야 하는데 먹다가 낫는가 싶으면 안 먹어 버려요. 그러면 이 면역력이 생겨서 다시 재발하면 그 약은 안 통하고 이차 약을 써야 합니다. 그런데 그 이차 약은 정부에서 보조를 안 해줍니다. 일차 약은 결핵협회에서 무상 지원해 줬는데 이차 약은 자기가 사 먹어야 합니다.

결국, 그것을 교회가 책임져야 합니다. 감당할 길이 없어 기도했습니다. 하나님, 그만할까요? 그 이백 명 넘는 결핵환자, 몰랐으면 괜찮은데 알고 모른 척할 수가 없었습니다. 그래서 금식기도를 했는데 그것이 관례가 되었습니다. 매년 1월이 되면 금식을 정규적으로 했습니다. 처음에는 삼일, 그다음에 오 일, 그다음 칠일, 십 일까지 금식을 해봤는데 나는 십 일 넘으니까 배고파서 못하겠어요. 그래서 내 수준은 십일 금식이라고 생각하고 해마다 십 일 금식을 하는 전통이 생겨서 그걸 수십 년을 하니까 금식에 대해서 '노하우'가 생겼습니다.

내가 칠십 세에 정년, 은퇴하고 퇴직금 몽땅 가지고 쇠목골 산골짜기 땅을 사서 두레 수도원을 시작했는데 2011년 10월에 들어와서 2012

년 1월에 맨 처음 십일 금식부터 시작했습니다. 그때는 화장실도 제대로 없고 시설이 열악해서 넓은 방에 다 같이 잤습니다.

그런데 내가 이 동네 들어올 때, 역류성 식도염이 심해서 한 오 년째 고생했습니다. 약 좀 먹으면 낫다가 재발하고 하니까 내 담당 의사가 목사님은 역류성 식도염이 체질인 것 같다고 해서 그런 체질이 다 있냐고 했더니 간혹 그런 체질이 있다고 합니다. 그래서 내가 어떻게 하면 되냐고 물었더니 늘 약을 먹으면서 참고 사는 수밖에 없다고 해서 그러려니 하고 살았습니다.

그런데 내가 2012년에 열흘 금식하고 나니까 역류성 식도염이 흔적이 없어요. 지금까지도 위에 문제가 없습니다. 이 금식은 첫째는 영적으로 최고의 무기입니다. 둘째는 마음에 지친 것, 우울증, 공황장애, 또 육신의 병, 내 경우처럼 역류성 식도염 이런 것을 치유하는 힘이 있습니다. 병 고치려고 금식하는 것이 아니라 금식하며 부르짖으면 하나님이 상급으로 그걸 주십니다.

신앙의 순서가 분명해야 합니다. 은혜받으려고 기도하고 금식하고 믿음으로 살면 하나님이 알아서 병도 고쳐주시고 사업도 잘되게 해주시고 그렇게 해주시는 것이지, '하나님 이 병 고쳐주시면 잘 믿겠습니다' 하고 단서를 다는 것은 순서가 틀린 것입니다. 하나님과 나와의 관계, 영적인 관계가 바로 서면 병은 하나님이 알아서 해주십니다. 우리 믿음이 그런 수준에 들어갈 수 있게 되기를 바랍니다.

두레 수도원에서 첫 달은 사일 금식, 둘째 달은 십일 금식, 두 가지 금식기도를 하는데 참 좋은 전통입니다. 대기하는 분들이 항상 있습니다. 금식 수련은 〈안식, 기도, 말씀, 산행과 운동〉을 내용으로 진행됩니다. 그간에 진행되었던 수련에서 기대하였던 것 이상으로 좋은 결과를 얻었습니다.

두레 수도원에서 십일 금식은 첫째 목적이 안식, 쉬는 겁니다.

그래서 프로그램도, 표를 짜서 주고 모이라고 종을 치거나 출석 부르거나 왜 빠졌냐고 묻는 것도 없습니다. 자유롭게 자발적으로 참여하고 푹 쉬게 합니다. 우리 시대가 너무 바쁘고 어딘가에 모두 매여 있어 자기 자신의 본성을 찾지를 못하고 쉼을 누리지를 못합니다. 영적으로도 메말라 있습니다. 거기서 오는 부작용이 엄청납니다.

둘째는 말씀, 하루 두 번씩 성경 공부를 합니다.

특별히 말씀 암송을 강조합니다. 매일 한 구절씩 암송하고 말씀을 잘 박힌 못처럼 심어야 합니다.

셋째가 기도입니다.

하루 세 시간 이상 개인기도, 합심 기도, 그룹 기도를 합니다. 기도도 훈련받아야 합니다. 교회 다니는 사람치고 기도해야 한다고 느끼지 않는 사람은 없습니다. 기도해야지, 기도해야지 하면서도 기도가 실천이 안 됩니다. 우리가 오해하는 것이 있습니다. 기도는 훈련받아야지 '기도합시다' 한다고 기도가 되는 것이 아닙니다. 여러 가지 잡념이 생기고 산만해지고 기도문이 열리지 않습니다. 기도 줄 잡는다 그래요.

기도 줄이 잡히지 않는 것입니다. 그래서 5분 기도하고 나면 할 말이 없어요. 기타 등등 이럴 수도 없고 기도 줄이 끊어지는 겁니다.

이것을 극복하려면 초보처럼 기도하는 훈련을 받아야 합니다. 금식 기도에 오는 분 중에는 교단의 총회장도 있고 목사님, 전도사님, 장로, 권사, 많지요. 그러나 일단 시작하면 초신자 취급합니다. 초보라고 생각하고 기도의 기초부터 훈련합니다.

그다음에 중요한 것은 운동입니다.

하루 3시간씩 산행과 운동에 필수적으로 참가합니다. 금식수련 참가자들은 수련기간 중 모두 7km에 이르는 수도원 둘레길 산행에 참가합니다.

마지막으로 끝에 가서 거룩한 독서 시간이 있습니다.

믿는 사람들은 성경 말씀이 기준이지만 이 말씀의 이해를 뒷받침할 수 있는 폭넓은 인문학, 폭넓은 독서를 권장합니다.

특별한 목적으로 금식할 때는 정말 목숨 걸고 '하나님, 이 기도 안 들어주시면 나는 금식하다가 죽으렵니다'라는 마음이 중요합니다. 내가 남양만에서 농민을 돕는다고 돼지단지, 소단지, 부업 단지 하다가 폭삭 망하고 빚더미에 앉았습니다. 빚지고 나면 서로 '네 탓이요. 너 때문에 망했다'라고 하며 불화가 생깁니다. 남자들이 모여서 말다툼하고 서로 싸워 너무 한심해서 내가 책임진다고 하고 전부 집으로 돌려보냈습니다.

내 책임이라는 사람은 하나도 없고 전부 남의 책임으로 돌리는 이런 단체는 할 필요가 없으니, 교회에서 다 해결한 뒤에 다시 모여서 우리가 예수나 잘 믿자고 하고 해산시켰습니다. 그 다음 부터 얼마나 빚쟁이들에게 시달렸는지 하루는 강대상 옆에 기도실에 들어가 안으로 문 닫아걸고 금식을 시작했는데 기간도 없이 하나님이 응답 안 하시면 여기서 금식하다가 죽는다는 각오로 했습니다.

울면서 금식하며 기도하는데 오일 만에 서울에서 어떤 자매가 "목사님, 교회에 어려운 일 있으시지요? 로마서 8장 12절, 13절 읽어보시지요"라고 말합니다. 내가 나오지도 않고 문도 안 열어주니까 밖에서 던진 말입니다. 목사에게 와서 성경 몇 장, 몇 절 보라고 하니 기분이 안 좋더라고요. 그렇다고 성경 보라는데 목사가 안 볼 수도 없어서 눈을 비벼 가면서 읽었는데, 내 인생이 변했습니다.

> "그러므로 형제들아 우리가 빚진 자로되 육신에게 져서 육신대로 살 것이 아니니라 너희가 육신대로 살면 반드시 죽을 것이로되 영으로써 몸의 행실을 죽이면 살리니" 로마서 8장 12~13절

이 말씀으로 큰 은혜를 받아 새로운 용기가 생겼습니다. 그래서 빚을 갚았습니다. 빚 갚은 이야기는 한 권의 책으로 써도 부족합니다. 그러니까 금식은 우리 영혼을 새롭게 하는 겁니다. 한국 교회의 자랑이 기도와 말씀이지요. 우리가 하나님께 나갈 때는 기도로 나갑니다. 하나님은 우리에게 말씀으로 다가오십니다. 이것이 공식입니다.

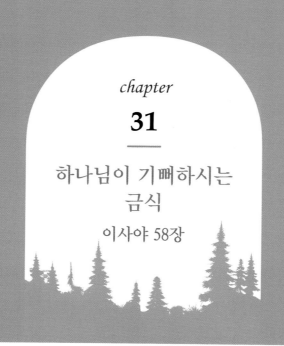

조선에 기독교 선교사가 처음 온 것이 1884년입니다. '알렌 선교사'가 처음 왔습니다. 그다음에 장로교 선교사 언드우드, 감리교 선교사 아펜셀러가 1885년 4월 5일 부활절 아침에 제물포항에 도착했습니다. 그런데 한국 교회가 특이한 것은 선교사가 오기 전에 성경 말씀이 먼저 들어온 것입니다. 황해도에 사는 '서상윤'이라고 행상하는 사람이 만주에 갔다가 병에 걸렸는데 선교사의 도움으로 병이 나은 후에 예수를 믿고 세례를 받았습니다.

1882년 중국 선교사 로스와 함께 누가복음을 번역하여 조선으로 가지고 들어왔습니다. 그 사람이 요즘 사회 선교 열심히 하는 서경석 목사의 할아버지인 서상윤 권서입니다. 한국 교회는 선교사가 들어오기 전에, 교회가 세워지기 전에 말씀이 먼저 들어왔습니다.

나는 기도할 때, 디모데전서 3장에 있듯이 성도들에게 말씀을 가르칠 때 재미있게, 지루하지 않게, 깊이 있게, 복음의 핵심을 잘 가르칠 수 있게 성령님이 도와달라고 기도합니다. 그러니까 우리가 금식하며 부르짖고 기도하는 것, 열심히 말씀을 읽는 것이 신앙생활의 기본 아닙니까?

이사야 58장은 특별히 금식기도에 대해서 아주 귀중한 진리의 말씀을 우리에게 주십니다.

첫번째는 왜 우리가 드리는 금식기도를 하나님이 응답하지 아니하시는지에 대한 말씀입니다.

> "우리가 금식하되 어찌하여 주께서 보지 아니하시오며 우리가 마음을 괴롭게 하되 어찌하여 주께서 알아 주지 아니하시나이까 보라 너희가 금식하는 날에 오락을 구하며 온갖 일을 시키는도다 보라 너희가 금식하면서 논쟁하며 다투며 악한 주먹으로 치는도다 너희가 오늘 금식하는 것은 너희의 목소리를 상달하게 하려는 것이 아니니라" 이사야 58장 3~4절

'금식 기도하는데 왜 아무 변화가 없나?'

어찌하여 주께서 응답이 없는지 답답해할 때 너희가 금식하면서 논쟁하며 다투고 서로 싸움질하고 서로 미워하고 순종 안 하니까 하나님이 금식에 응답할 수 없다고 하시는 말씀입니다.

"이것이 어찌 내가 기뻐하는 금식이 되겠으며 이것이 어찌 사람이 자기의 마음을 괴롭게 하는 날이 되겠느냐 그의 머리를 갈대 같이 숙이고 굵은 베와 재를 펴는 것을 어찌 금식이라 하겠으며 여호와께 열납될 날이라 하겠느냐" 이사야 58장 5절

금식에 따르는 순종하는 삶이 없는 금식, 겸손하게 하나님 앞에 엎드리는 정성이 없는 금식이 어떻게 응답받겠느냐는 말씀입니다. 금식하겠다는 마음가짐이 얼마나 중요합니까? 요즘 사람들은 하루만 굶어도 죽는 줄 아는데 금식하며 기도 한다는 것은 아무나 못 합니다. 성령의 인도하심으로 하는 것입니다.

요한계시록에 보면 하늘 보좌 앞에 금 그릇이 있는데 그 그릇에 지상에서 성도들이 드리는 기도가 쌓입니다. 거기에 기도가 쌓이면 천사가 그릇을 하나님 앞에 드립니다. 그 기도를 받으신 하나님께서 지상에 역사를 일으키십니다. 우리가 기도할 때 요한계시록의 말씀을 영적으로 그리면서 기도할 수 있어야 합니다. '하늘 보좌를 움직일 수 있는 기도' 얼마나 멋집니까?

우리 세계 교회사 상에 최고의 금식기도로 유명한 분이 영국의 조지 뮬러라는 기도의 종입니다. 돈 한 푼 없이 이천 명 고아들을 늘 돌봤는데 이분이 필요하면 금식하며 기도합니다. 한번은 직원들이 와서 아침에 고아들, 이천 명에게 줄 빵이 없다고 하니까 뮬러 선생이 평소처럼 식당에 고아들을 다 모이게 하고 빵 놓는 접시를 다 놓고 '기도합시다' 하고는 기도를 시작했습니다.

그때 빵 배달하던 차가 그 고아원 앞에서 미끄러져서 그걸 끄집어내
느라고 시간이 많이 가니까 빵 배달할 시간이 지났습니다. 그래서 고
아원 문을 두드리고 '우리가 빵 배달하다가 차가 빠져서 시간을 놓쳤
는데, 이 빵을 다 고아원에 기증해도 되겠습니까?'라고 했습니다. 그
때 고아들이 빵 접시 놓고 기도하는 시간에요. 그 빵 가져다가 고아들
다 나누어 주었습니다. 그렇게 응답받은 기록이 이만 번이라고 합니
다. 하나님이 우리 기도를 들어 응답하신다는 확신이 있어야 합니다.

두번째는 하나님이 기뻐하시는 금식에 대한 말씀입니다.

> "내가 기뻐하는 금식은 흉악의 결박을 풀어 주며 멍에의 줄을
> 끌러 주며 압제 당하는 자를 자유하게 하며 모든 멍에를 꺾는
> 것이 아니겠느냐 또 주린 자에게 네 양식을 나누어 주며 유리
> 하는 빈민을 집에 들이며 헐벗은 자를 보면 입히며 또 네 골육
> 을 피하여 스스로 숨지 아니하는 것이 아니겠느냐"
>
> 이사야 58장 6~7절

금식기도를 하면 하늘에 그 기도가 닿아야 하는데 형식은 있는데 하
나님께 상달되는 금식이 아니라는 말씀을 예수님도 하셨습니다. 그러
면 하나님이 기뻐하는 금식은 무엇인지 6절, 7절에서 잘 말씀해 주십
니다.

금식은 자기 혼자 하는 경건이 아니라 이웃과의 관계가 금식의 기본

이라는 것을 꼭 집어서 알려주십니다.

'어려움을 당한 이웃을 도와주고 눌린 사람을 풀어주고 많은 사람에게 주님의 사랑을 베풀고 주린 자에게 양식을 나누어주며 유리하는 빈민을 집에 들이며 헐벗은 자를 보면 입히며 또 너 골육을 피하여 스스로 숨지 아니하는 것이다.'

올바른 금식은 하나님 앞에서 스스로 괴롭게 하면서 하나님과 나와의 관계를 바로 세우는 것뿐 아니라 네 마음을 열고 헐벗은 이웃에게 베풀며 함께 고통을 나눌 때 그것이 하나님이 기뻐하시는 금식이 되어 하나님께 상달된다는 말씀입니다.

세 번째는 하나님께서 기뻐하시는 금식은 어떤 열매가 있느냐?
그것이 8절에서 12절에 나옵니다.

> "그리하면 네 빛이 새벽 같이 비칠 것이며 네 치유가 급속할 것이며 네 공의가 네 앞에 행하고 여호와의 영광이 네 뒤에 호위하리니 네가 부를 때에는 나 여호와가 응답하겠고 네가 부르짖을 때에는 내가 여기 있다 하리라" 이사야 58장 8~9절

이웃 사람을 도왔는데, 어려운 사람을 도왔는데 내 병이 낫는다. 이것이 금식 기도의 열매입니다. 금식하면서 어려움에 빠진 사람들 베풀고 도왔는데 영광은 하나님이 받으신다. 얼마나 귀한 말씀입니까?
'네가 부를 때에 나 여호와가 응답하겠고 네가 부르짖을 때에는 내

가 여기 있다 하리라.'

결론입니다. 아멘으로 받기를 바랍니다. 하나님은 우리가 금식하며 기도하며 부르짖기를 기다리고 계십니다. 우리가 금식기도 하며 부르짖는 기도의 제목을 하나님께서 응답하시고, 우리가 부르짖을 때 우리와 함께하신다는 말씀입니다.

'부르짖는 신앙입니다'.

> "일을 행하시는 여호와, 그것을 만들며 성취하시는 여호와, 그의 이름을 여호와라 하는 이가 이와 같이 이르시도다 너는 내게 부르짖으라 내가 네게 응답하겠고 네가 알지 못하는 크고 은밀한 일을 네게 보이리라" 예레미야 33장 2~3절

금식하며 부르짖는 우리에게 이보다 더 힘이 되는 말씀이 있을까요? '행동하시는 여호와', '반드시 이루시는 여호와'가 우리 기도를 들으시고 우리가 상상도 하지 못한 미래를 열어주신다는 약속입니다.

바른 금식, 올바른 기도의 자세는 기적을 낳습니다. 하나님께서는 우리의 부르짖는 기도를 기다리고 계십니다. 우리의 삶이 뒷받침될 때 응답받는 기도가 된다는 것을 가슴에 새기시기 바랍니다.

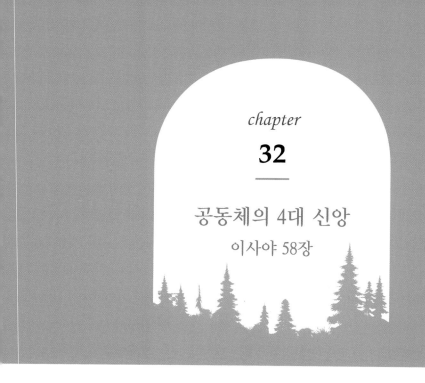

chapter

32

공동체의 4대 신앙
이사야 58장

"네가 부를 때에는 나 여호와가 응답하겠고 네가 부르짖을 때에는 내가 여기 있다 하리라 만일 네가 너희 중에서 멍에와 손가락질과 허망한 말을 제하여 버리고 주린 자에게 네 심정이 동하며 괴로워하는 자의 심정을 만족하게 하면 네 빛이 흑암 중에서 떠올라 네 어둠이 낮과 같이 될 것이며 여호와가 너를 항상 인도하여 메마른 곳에서도 네 영혼을 만족하게 하며 네 뼈를 견고하게 하리니 너는 물 댄 동산 같겠고 물이 끊어지지 아니하는 샘 같을 것이라 네게서 날 자들이 오래 황폐된 곳들을 다시 세울 것이며 너는 역대의 파괴된 기초를 쌓으리니 너를 일컬어 무너진 데를 보수하는 자라 할 것이며 길을 수축하여 거할 곳이 되게 하는 자라 하리라" 이사야 58장 9~12절

이사야 58장 9절에서 12절까지가 금식하는 사람이 가지는 네 가지 신앙입니다. 내가 두레 공동체를 세우고 이 말씀을 공동체의 '사대 신앙'으로 삼았습니다.

첫째, 9절_영성 공동체

'네가 부를 때에는 나 여호와가 응답하겠고 네가 부르짖을 때에는 내가 여기 있다 하리라.'

금식하면서 부르짖는 것입니다. 기도와 간구가 같은 말인데 뭔 차이가 있느냐? 응답 될 때까지 그 기도 제목을 놓지 않고 계속 기도해서 결국은 응답받는 기도를 간구라고 합니다. '네가 부르짖어 간구하면 내가 응답하겠다'. 참으로 귀한 말씀입니다.

둘째, 10절_복지 공동체

'주린 자에게 네 심정이 동하며 괴로워하는 자의 심정을 만족하게 하면 네 빛이 흑암 중에서 떠올라 네 어두움이 낮과 같이 될 것이며.'

주린 자를 도와주는 행동하는 신앙입니다. 자기 병 낫는 것만을 위해서, 자기 기도 제목으로만 부르짖는 것으로는 부족하고 주린 자와 같이 주리고 괴로워하는 자와 같이 괴로워하고 아픈 자와 같이 아파하는 마음입니다.

'그렇게 하면 네 빛이 흑암 중에 떠올라 어두움이 낮과 같이 될 것이요.' 우울증 걸리고 답답하여 '이놈의 세상 차라리 죽어버릴까?'하고 금식기도 올라올 때가 있는데 그런 사람이 금식하면서 어려운 사람을 베풀고, 도우면 회복됩니다. 어두움이 빛으로 바뀝니다.

셋째, 11절_생활 공동체

'네 영혼이 만족하게 하며 네 뼈를 견고하게 하리니 너는 물댄동산 같겠고 물이 끊어지지 아니하는 샘 같을 것이라.'

물댄동산 같은 가정, 물이 끊어지지 않는 샘 같은 교회가 목회 지침입니다. 성경에서 물은 성령의 역사를 의미합니다. 성령의 교통함이 풍성하게 늘 이어진다는 말씀입니다.

그래서 우리 구호가 '가정 같은 교회, 교회 같은 가정을 이루자'입니다. 가정은 교회처럼 경건하고 반듯해야 하고, 교회는 가정같이 훈훈하고 흐뭇하고 거기에 안식이 있어야 합니다. 사람 몸의 기본 단위는 세포인데 교회의 세포는 뭐겠습니까? 가정입니다. 건강하고 행복한 가정이 모여서 행복한 교회를 이룹니다.

사도행전에 나오는 초대교회를 보면 '교회당'이라는 말이 없습니다. 누구 가정에 있는 교회, 루디아의 집에 있는 교회가 빌립보 교회입니다. 누구 집에 있는 교회, 모이는 자리가 교회입니다. 모여서 훈훈하게 서로 간에 위로하고 격려하고 허물은 덮어주고 장점은 박수쳐 주고 이것이 참 중요합니다. 가정 같은 교회, 교회 같은 가정, 우리 삶에 그렇게 윤기 나는 삶이 될 수 있게 되기를 바랍니다.

넷째, 12절_사명 공동체

'네게서 날 자들이 오래 황폐된 곳들을 다시 세울 것이며 너는 역대의 파괴된 기초를 쌓으리니 너를 일컬어 무너진 데를 보수하는 자라 할 것이며 길을 수축하여 거할 곳이 되게 하는 자라 하리라.'

기초를 다시 세우는 일꾼들을 길러내는 것입니다.

성경을 읽는데 중요한 맥이 있습니다. 이사야서 58장 12절과 같은 말씀이 맥이 됩니다. '네게서 날 자들이_우리 가정, 우리 교회, 한국 교회 전체' 너희 교회가 길러낼 교인들이, 우리는 학교가 있으니까 너희 두레 국제학교에서 길러낼 학생들입니다. '황폐된 곳들을 다시 세울 것이며' 황폐하고 허물어진 것을 우리가 길러내는 일꾼들이 다시 세우는 겁니다. '너는 역대의 파괴된 기초를 쌓으리라' 세대를 물려가면서 허물어진 기초, 우리나라 정치나 경제, 교육이 많이 혼란한데 이것이 어떤 한 사람, 한 대통령이 잘못해서 된 것이 아니라는 것입니다. 이것이 일이 십 년에 허물어진 것이 아니라 세대를 거쳐 가면서 허물어진 기초입니다. 성경에서 한 세대는 40년입니다.

그런데 이걸 누가 고치느냐? '네게서 날 자들이_your people' 삼인칭입니다. 영어에서 미래를 나타내는 조동사가 'will'입니다. 말하는 사람의 의지가 들어있습니다. 하나님께서 우리에게 사명을 주신다는 것입니다. 아주 강력한 하나님의 의지입니다. 너희 교회가 길러내는 복음의 일꾼들이 세대를 거치면서 잘못된 것들, 허물어진 역사의 기초를 다시 세우라는 위대한 말씀입니다. 이것을 '역사의식'이라고 합니다.

건강한 신앙, 건강한 교회가 되려면 세 가지를 갖추어야 합니다.

첫째는 복음적인 신앙입니다.

사도신경이 신앙고백의 기초입니다. 복음적이란 말은 다른 말로 표현하면 예수님과 바른 관계를 맺는 것입니다. 예수를 믿음으로 구원받은 확신 위에서 지금 죽어도 천국으로 간다는 확실한 소망을 지닌 신앙입니다. 그런 소망 중에서 하나님 사랑과 이웃 사랑을 온몸으로 실천하고 살아가는 신앙입니다. 그런 신앙이 복음적 신앙입니다.

둘째는 교회에 대한 바른 이해와 바른 자세입니다.

성경적이고 건전한 교회관을 지닌 신앙이어야 합니다. 교회에 대한 올바른 이해에 기초를 둔 교회론이 확실하고 분명하여야 합니다. 바른 신앙은 예수 중심, 교회 중심, 말씀 중심인 신앙입니다.

셋째는 역사의식입니다.

이 부분이 한국교회가 가장 약한 부분입니다. 기독교의 자랑이 올바른 역사의식입니다. 역사의식이란 현재의 역사와 미래의 역사를 교회가 책임지겠다는 정신입니다. 교회 안과 밖의 백성들이 건강하고, 정의롭고, 행복한 삶을 살 수 있도록 교회가 앞장서야겠다는 사명감입니다. 우리 교회가 길러내는 하나님의 일꾼들이 정치나 경제나 교육이나 허물어진 기초를 다시 세워야 합니다.

구원의 확신, 신앙고백의 기초가 탄탄해서 교회에서 길러내는 성도들, 우리 자녀들이 정치, 교육, 사회, 경제, 도덕, 모든 분야에서 허물어진 기초를 다시 세워야 합니다.

chapter

33

회개
이사야 59장

"여호와의 손이 짧아 구원하지 못하심도 아니요 귀가 둔하여 듣지 못하심도 아니라 오직 너희 죄악이 너희와 너희 하나님 사이를 갈라 놓았고 너희 죄가 그의 얼굴을 가리어서 너희에게서 듣지 않으시게 함이니라 이는 너희 손이 피에, 너희 손가락이 죄악에 더러워졌으며 너희 입술은 거짓을 말하며 너희 혀는 악독을 냄이라" 이사야 59장 1절~3절

이사야 선지자가 백성들의 죄를 꾸짖고 있습니다. 그때나 지금이나 부패와 부도덕이 하나님의 얼굴을 돌리게 만듭니다. 하나님이 힘이 없어서 못 도와주시겠습니까? 하나님이 듣지 못해서 우리에게 관심을 안 가지시겠습니까? 하나님이 도와줄 만한 가치가 있는 백성, 회개하고 참회하는 백성이 되어야 하는데 그렇지 못하다는 것입니다.

지금 우리의 현실에 비추어 돌아보는 지혜를 가져야 합니다. 먼 옛날 저 멀리에 있는 이스라엘 땅에 있었던 일이 아닙니다. 하나님은 우주를 창조하시고 온 세계 역사를 주관하시고 구원하시는 하나님입니다. 옛날에 쓰인 이사야서의 이 말씀이 오늘 우리 시대, 온 세계를 향하여, 우리 백성들을 향하여, 한국 교회에 바라시는 살아계신 하나님의 살아있는 말씀이 됩니다.

하나님께서 우리의 부패와 부도덕성과 우리의 염치없는 짓거리에 고개를 돌리시면 이 나라가 어떻게 되겠습니까? 하나님이 우리 역사와 백성들에게 관심을 가질 수 있도록 우리가 진실로 우리 자신부터 확실하게 회개하고 새롭게 시작할 수 있어야 합니다.

이사야 59장에서 절망과 좌절의 현실에서 백성들의 회개가 나옵니다. 백성들의 회개하는 음성을 들으시고 여호와께서 구원의 손길을 펴시는 이야기가 이사야 59장에 나오고, 60장에 좌절과 침체의 늪에서 벗어나서 일어나라고 시작됩니다.

> "그러므로 정의가 우리에게서 멀고 공의가 우리에게 미치지 못한즉 우리가 빛을 바라나 어둠뿐이요 밝은 것을 바라나 캄캄한 가운데에 행하므로" 이사야 59장 9절

온 나라와 백성, 지도자들이 잘못 살았던 것, 정의를 등지고 공의를 무시하고 어두움의 역사를 살았던 것을 고백합니다. 빛을 원했지만 현실은 어두운 절망이고, 밝은 것을 찾으나 깜깜한 현실을 직시하고 그

현실을 두고 하나님 앞에 통회하는 기도가 나옵니다.

> "우리가 맹인 같이 담을 더듬으며 눈 없는 자 같이 두루 더듬
> 으며 낮에도 황혼 때 같이 넘어지니 우리는 강장한 자 중에서
> 도 죽은 자 같은지라 우리가 곰 같이 부르짖으며 비둘기 같이
> 슬피 울며 정의를 바라나 없고 구원을 바라나 우리에게서 멀
> 도다" 이사야 59장 10~11절

갈 바를 알지 못하고 이리, 저리 헤매던 어두운 역사, 방황하는 시대
를 살아왔던 현실을 일러줍니다. 절망적인 현실입니다. 하나님 앞에
백성들도, 지도자도 잘 못 살았기 때문에 이런 어두움과 절망의 역사
가 이루어진 것이라고 다시 고백 합니다.

> "이는 우리의 허물이 주의 앞에 심히 많으며 우리의 죄가 우리
> 를 쳐서 증언하오니 이는 우리의 허물이 우리와 함께 있음이
> 니라 우리의 죄악을 우리가 아나이다" 이사야 59장 12절

'왜 이런 절망적이고 참담한 현실이 되었느냐? 이런 현실이 된 이유
가 뭐냐? 그것은 우리의 죄와 허물이 주의 앞에 심히 많음이라.'
　하나님 앞에 자신들의 어두웠던 생활, 하나님 앞에 바로 서지 못했
던 삶, 죄악을 하나님 앞에 내려놓고 회개하는 내용입니다.
　이제 그 회개의 소리를 들으시고 하나님께서 구원의 손길을 펴시는

약속이 15절부터 나옵니다.

> "성실이 없어지므로 악을 떠나는 자가 탈취를 당하는도다 여
> 호와께서 이를 살피시고 그 정의가 없는 것을 기뻐하지 아니
> 하시고 사람이 없음을 보시며 중재자가 없음을 이상히 여기셨
> 으므로 자기 팔로 스스로 구원을 베푸시며 자기의 공의를 스
> 스로 의지하사" 이사야 59장 15~16절

하나님께서 구원의 손길을 스스로 펴십니다. 여호와 하나님이 이스
라엘 백성의 죄와 허물에 대해 자기의 팔로, 자기의 이름으로, 자기의
공의로 구원하십니다. 우리도 사노라면 일가친척에게도 심지어 섬기
는 교회로부터도 도움의 손길을 만나지 못할 때가 있습니다. 자기 혼
자, 칠흑같이 어두운 현실에서 침체되어 있을 때 하나님께서 구원의
손길을 펴십니다. 왜 그러실까요. 이것이 대단히 중요합니다.

> "여호와께서 이르시되 내가 그들과 세운 나의 언약이 이러하
> 니 곧 네 위에 있는 나의 영과 네 입에 둔 나의 말이 이제부터
> 영원하도록 네 입에서와 네 후손의 입에서와 네 후손의 후손
> 의 입에서 떠나지 아니하리라 하시니라 여호와의 말씀이니라"
> 이사야 59장 21절

하나님이 조상 때로부터 맺은 언약, 그 언약을 돌이키십니다. 구약

에 등장하는 언약은 사대 언약입니다.

노아 언약_창세기 9장

아브라함 언약_창세기 17장

모세 언약_출애굽기 19장

다윗 언약_역대상 17장

하나님이 그 조상들과 맺어진 언약을 기억하시고 백성들이 회개하고 부르짖을 때 이스라엘 백성들의 구원이 어디로부터도 없는 절망적인 사정을 살피시고 친히 구원의 손길을 펴십니다.

이사야 59장은 이사야 60장의 서론과 같습니다. 하지만 반드시 깊은 통찰력으로 읽고 가야 합니다. 그것은 새벽이 오려면 밤이 깊어지는 것과 같습니다.

이사야 60장 1절~16절

¹일어나라 빛을 발하라 이는 네 빛이 이르렀고 여호와의 영광이 네 위에 임하였음이니라 ²보라 어둠이 땅을 덮을 것이며 캄캄함이 만민을 가리려니와 오직 여호와께서 네 위에 임하실 것이며 그의 영광이 네 위에 나타나리니 ³나라들은 네 빛으로, 왕들은 비치는 네 광명으로 나아오리라 ⁴네 눈을 들어 사방을 보라 무리가 다 모여 네게로 오느니라 네 아들들은 먼 곳에서 오겠고 네 딸들은 안기어 올 것이라 ⁵그 때에 네가 보고 기쁜 빛을 내며 네 마음이 놀라고 또 화창하리니 이는 바다의 부가 네게로 돌아오며 이방 나라들의 재물이 네게로 옴이라 ⁶허다한 낙타, 미디안과 에바의 어린 낙타가 네 가운데에 가득할 것이며 스바 사람들은 다 금과 유향을 가지고 와서 여호와의 찬송을 전파할 것이며 ⁷게달의 양 무리는 다 네게로 모일 것이요 느바욧의 숫양은 네게 공급되고 내 제단에 올라 기꺼이 받음이 되리니 내가 내 영광의 집을 영화롭게 하리라 ⁸저 구름

같이, 비둘기들이 그 보금자리로 날아가는 것 같이 날아오는 자들이 누구냐 9곧 섬들이 나를 앙망하고 다시스의 배들이 먼저 이르되 먼 곳에서 네 자손과 그들의 은금을 아울러 싣고 와서 네 하나님 여호와의 이름에 드리려 하며 이스라엘의 거룩한 이에게 드리려 하는 자들이라 이는 내가 너를 영화롭게 하였음이라 10내가 노하여 너를 쳤으나 이제는 나의 은혜로 너를 불쌍히 여겼은즉 이방인들이 네 성벽을 쌓을 것이요 그들의 왕들이 너를 섬길 것이며 11네 성문이 항상 열려 주야로 닫히지 아니하리니 이는 사람들이 네게로 이방 나라들의 재물을 가져오며 그들의 왕들을 포로로 이끌어 옴이라 12너를 섬기지 아니하는 백성과 나라는 파멸하리니 그 백성들은 반드시 진멸되리라 13레바논의 영광 곧 잣나무와 소나무와 황양목이 함께 네게 이르러 내 거룩한 곳을 아름답게 할 것이며 내가 나의 발 둘 곳을 영화롭게 할 것이라 14너를 괴롭히던 자의 자손이 몸을 굽혀 네게 나아오며 너를 멸시하던 모든 자가 네 발 아래에 엎드려 너를 일컬어 여호와의 성읍이라, 이스라엘의 거룩한 이의 시온이라 하리라 15전에는 네가 버림을 당하며 미움을 당하였으므로 네게로 가는 자가 없었으나 이제는 내가 너를 영원한 아름다움과 대대의 기쁨이 되게 하리니 16네가 이방 나라들의 젖을 빨며 뭇 왕의 젖을 빨고 나 여호와는 네 구원자, 네 구속자, 야곱의 전능자인 줄 알리라

chapter

34

—

일어나라 빛을 발하라
이사야 60장

이사야서는 책망과 심판으로 시작해서 위로와 격려, 소망으로 끝나는 위대한 책입니다.

> "일어나라 빛을 발하라 이는 네 빛이 이르렀고 여호와의 영광
> 이 네 위에 임하였음이니라" 이사야 60장 1절

'Rise up be shine.'

일어나서 빛을 발하라. 명령문입니다.

이사야 선지가 이 글을 쓸 때가 언제인지를 알아야 합니다. 이스라엘 나라가 앗시리아의 침략으로 나라의 존폐가 달린 위기 상황에서 하나님의 사람이 나타나서 낙심하고 절망에 빠진 사람들에게 희망을 줍니다. 믿음이 위대한 것은, 예언자들이 위대한 것은 바로 절망의 시대

에 희망을 말씀하기 때문입니다. 옛날 선지자들의 역할을 지금은 교회가 해야 합니다. 교회는 희망이 끊어진 시대에도 희망을 전하는 사명이 있습니다.

이스라엘 나라도 개인도 모두가 좌절, 침체, 절망적인 분위기에 빠져있을 때 하나님께서 드디어 직접 말씀하십니다. 동서남북 사방을 바라볼 때 아무 희망이 없고 길이 막히고 모든 것이 절망적입니다. 하지만 남은 길이 있습니다.

'하늘을 봐라, 위를 쳐다봐라, 여호와의 영광이 네 위에 머물러 있다. 여호와의 영광을 바라보고 일어나라 빛을 발해라, 용기를 내라.'

놀라운 격려의 말씀입니다.

그동안 기죽어서 그렇게 사람 구실 못하고 대접받지 못하고 살았는데, 이제는 달라졌습니다. 세상의 조건, 처지, 환경, 거기에 매이고 기죽고 눌리지 말아라, 위를 봐라, 하늘에 여호와의 영광이 머물러 있다는 말씀 때문입니다. 여호와의 영광이 우리 한 사람 한 사람 위에, 가정, 교회 위에 머물러 있습니다. 그 영광을 바라보고, 자신감을 가지고 일어나서 빛을 발하라는 참 귀한 말씀입니다.

이사야서 60장은 위대한 말씀입니다. 특별히 60장 10절 말씀은 가슴에 와 닿습니다.

> "내가 노하여 너를 쳤으나 이제는 나의 은혜로 너를 불쌍히 여겼은즉 이방인들이 네 성벽을 쌓을 것이요 그들의 왕들이 너를 섬길 것이며" 이사야 60장 10절

'옛날에 네가 나를 등지고 육신에 속하고 세상과 짝하고 그럴 때 내가 화가 나서 너를 쳤다. 채찍으로 쳤다. 앗시리아 채찍으로 치고 바벨론 채찍으로 치고 가뭄과 홍수, 전염병으로 쳤다. 그러나 이제는 다르다. 노역의 때가 끝나고 그런 심판의 때는 끝났다. 이제는 왕따 당하고 괄시 받고 온갖 수모를 당했던 너희들이 이제는 달라졌다.'

이제는 겪을 만큼 겪었고 회개하였으니, 자비를 베풀어주겠다는 용서의 메시지입니다.

> "전에는 네가 버림을 당하며 미움을 당하였으므로 네게로 가
> 는 자가 없었으나 이제는 내가 너를 영원한 아름다움과 대대
> 의 기쁨이 되게 하리니" 이사야 60장 15절

'전에는'과 '이제는'을 분명히 갈라서 말합니다. 확실하게 다르게 읽어야 합니다. 전에는 너희가 미움 받고 네게로 가는 자가 없고 대접받지 못했다. 그러나 이제는, 지금은 너희가 아름다움이 되고 대대에 기쁨이 되리라는 귀한 말씀입니다.

내가 청계천에 빈민목회 하겠다고 들어가서 가진 돈을 금방 다 쓰고 나니 먹을 것이 없어서 며칠 굶었습니다. 구제하러 갔다가 구제받아야 할 사람이 된 것입니다. 삼 일을 굶고 설교하려니까 다리가 후들거리고 속이 메스꺼워서 도저히 서 있을 수가 없어 간신히 강대상을 붙들고 교인들을 바라보니 얼굴이 밥그릇처럼 보입니다.

이대로는 도저히 안 되겠다 싶어서 동네 청년들과 함께 넝마주이를

시작했습니다. 자본이 없이 개업할 수 있어서 시작했는데 나중에는 왕
초가 되었습니다. 하루 종일 넝마를 주워서 저녁에 팔면 밀가루 2포대
를 살 수 있습니다. 한 포대는 내가 먹고 한 포대는 어려운 사람을 도
왔습니다. 그때 아침에 작업을 시작하면서 대원들을 모아 놓고 주먹을
쥐고 외쳤던 구호가 있습니다.

'우리는 바닥에서 일해도 꼭대기를 바라본다.'

밑바닥에서 살아도 꿈을 가지고 희망을 잃지 않으면 일어서는 겁니
다. 그때 넝마주이 출신 중에 나중에 국회의원, 대학교수가 된 사람이
있습니다.

'전에는' 밑바닥 인생이지만, 꼴찌 인생이지만 하늘의 소리를 잘 듣
고 있으면 됩니다. 하나님이 호루라기를 획 불면서 '뒤로 돌아' 하면
꼴찌가 일등 됩니다. 많이 해보시지 않았습니까? 운동장에서 열심히
달리다가 호루라기 불면서 '뒤로 돌아' 하면 맨 뒤에 달리던 사람이 일
등이 됩니다. 인생 역전입니다.

영적으로 귀가 열려 잘 들으면 '이제는' 새로운 인생이 시작됩니다.
나라도, 개인도, 교회도 마찬가지입니다.

> "다시는 네 해가 지지 아니하며 네 달이 물러가지 아니할 것은
> 여호와가 네 영원한 빛이 되고 네 슬픔의 날이 끝날 것임이라
> 네 백성이 다 의롭게 되어 영원히 땅을 차지하리니 그들은 내
> 가 심은 가지요 내가 손으로 만든 것으로서 나의 영광을 나타
> 낼 것인즉" 이사야 60장 20~21절

그래서 결론이 20절입니다. '다시는' 과거의 그런 비극의 역사, 수난의 역사가 오지 않는다는 말씀입니다. '희망의 해'이고 '축복의 달'입니다. 눌리고 억압받던 비극의 때는 지나가고 미래 역사의 주인공이 된다고 축복하십니다. 내가 잘나서 의롭게 되는 것이 아니라 믿음으로 의롭게 되어 '영원한 땅_미래의 새역사'을 차지합니다.

저는 이 말씀을 대할 때마다 통일을 꿈꿉니다. 헐벗고 굶주린 북한 백성을 생각하면 빨리 통일이 되어야 합니다. 북한 땅 방방곡곡에 무너진 교회를 다시 세워야 합니다. 통일이 되면 우리나라는 세계에 빛나는 역사로 일어설 수 있습니다. 세계 선교의 놀라운 역사가 펼쳐집니다. 우리 모두의 기도 제목입니다.

'내가 심은 가지'는 하나님의 뜻이 있어서 하나님이 옮겨 심은 가지입니다. 가지를 꺾어서 옮겨 심으면 거기서 뿌리가 나서 자라 버드나무, 포도나무 그런 것이 됩니다. 하나님이 손수 꽂으시고, 심으신 '핸드메이드'입니다. 하나님의 영광을 위해서입니다.

> "그 작은 자가 천 명을 이루겠고 그 약한 자가 강국을 이룰 것
> 이라 때가 되면 나 여호와가 속히 이루리라" 이사야 60장 22절

지금은 약하지만 하나님의 능력으로, 은혜로 강해집니다. 하나님이 하늘을 나는 독수리같이 힘을 주십니다. 사람들이 정하는 때가 아니라 '하나님의 때'가 되면 하나님께서 이루어주십니다. 신앙생활에 중요한 것이 있습니다.

우리 영적인 사람들이 언제 실수하느냐? 조급해서 영적으로 깨닫지 못해서 하나님의 때가 아닌데 조급한 마음으로 사람의 생각이 앞서버립니다. 움직일 때가 아닌데, 앞서버리면 일이 망가지는 거지요. 잘 나가다가 깨지는 겁니다. 기다릴 줄 모르면 쓰임 받을 수 없습니다.

"하나님의 때를 기다릴 줄 알아야 합니다."

chapter

35

이사야 요약 I

이사야 61장을 보기 전에 이사야서에서 중요한 부분을 살피겠습니다. 이사야 66장은 1부 1장~39장와 2부 40장~66장으로 나누어져 있습니다.

1부는 앗시리아의 위협으로 나라가 풍전등화의 위기에서 이사야에게 주신 말씀입니다. 심판과 책망 같은 구약의 내용과 상통합니다.

2부는 150년 뒤에 닥칠 바벨론 시대에 대한 예언의 말씀입니다. 회복과 은총, 구원 같은 신약의 내용과 상통합니다.

이사야서는 다섯 단계를 거칩니다.

첫째, 이사야 1장 2절 '내가 자식을 양육하였거늘 그들이 나를 거역하였도다' 1장 4절 '슬프다 범죄 한 나라요 허물진 백성이요 행악의 종자요, 행위가 부패한 자식이로다' 하나님을 배반하는 백성들입니다.

둘째, 하나님께서 그들을 책망하십니다. 1장 5절 '너희가 어찌하여 매를 더 맞으려고 패역을 거듭하느냐?' 하나님을 등지고 배반한 백성들에 대해서 매, 채찍으로 치십니다. 그때 그때, 그 채찍이 달라집니다. 앗시리아 채찍, 바벨론 채찍, 가뭄, 홍수 채찍, 블레셋 채찍, 미디안 채찍, 때를 따라 달라집니다.

셋째, 하나님께서 채찍으로 치시고 벌을 가하시면 백성들이 '아, 우리가 하나님 앞에 잘못했구나' 하고 회개하게 됩니다. 1장 16절 '너희는 스스로 씻으며 스스로 깨끗하게 하여 내 목전에서 너희 악한 행실을 버리며 행악을 그치고', 회개입니다. 하나님께서 회개를 촉구하시고, 회개하는 백성들을 하나님이 초청하십니다. 1장 18절 '여호와께서 말씀하시되 오라 우리가 서로 변론하자' 변론하자는 말은 허물없이 대화하자. 기탄없이, 가리움 없이 대화하자는 말씀입니다. 하나님이 우리에게 대화를 요청하십니다. 변론하면 기적이 일어납니다. '너희의 죄가 주홍 같을지라도 눈과 같이 희어질 것이요' 대화의 기적입니다.

넷째, 회개하고 하나님 앞에 나와서 대화를 이루면 하나님이 회복시켜 주십니다. 1장 19절 '너희가 즐겨 순종하면 땅의 아름다운 소산을 먹을 것이요' 회개하고 대화하고 순종하면 회복의 열매가 있습니다. 20절 '너희가 거절하여 배반하면 칼에 삼켜지리라 여호와의 입의 말씀이니라' 선택입니다. 대화하고 순종해서 축복받던지 거절하고 불순종하여 재앙을 받던지 신앙은 선택입니다. 이사야서는 이걸 확실하게 강조합니다. 너희가 아무리 나를 배반하고 범죄 하였을지라도 내 앞으로 나와 회개하고 대화하면 내가 없던 것으로 하겠다고 하십니다.

다섯째, 구원의 약속입니다. 이사야서의 전체 주제라고 할 수 있습니다. 1장 27절, 28절 '시온은 정의로 구속함을 받고 그 돌아온 자들은 공의로 구속함을 받으리라 그러나 패역한 자와 죄인은 함께 패망하고 여호와를 버린 자도 멸망할 것이라' 앗시리아에 포로로 끌려갔던 이스라엘 사람들은 영원히 돌아오지 못했습니다. 하지만 남유다 사람들은 70년 만에 돌아왔습니다. 고레스가 해방하여 이 사람들은 돌아왔습니다. 하나님의 구원역사를 발견할 수 있습니다.

이사야서를 구약의 복음서라고 합니다. 핵심 되는 가장 두드러진 복음적인 언급이 7장 14절입니다. 오실 메시아 예수 그리스도를 가장 강하게 예언한 부분이기 때문에 아주 대단히 중요한 구절입니다. '그러므로 주께서 친히 징조를 너희에게 주실 것이라 보라 처녀가 잉태하여 아들을 낳을 것이요 그의 이름을 임마누엘이라 하리라' 징조는 싸인입니다. 무슨 싸인이냐 하면 마리아가 남자를 거치지 않고 잉태하여 메시아, 그리스도를 낳습니다.

이것을 예수님 나시기 칠백여 년 전에 선포하는 겁니다. 임마누엘 하나님입니다. 우리 신앙의 핵심 되는 교리가 다섯 가집니다.

첫째는 창조신앙, 둘째는 임마누엘 신앙, 셋째는 십자가 신앙, 넷째는 부활 신앙, 다섯째는 재림신앙입니다.

그리고 11장에서 오실 메시아를 '싹'으로 표현합니다. 이사야서가 영감과 상상력이 넘치는 책인데 그중에서도 11장이 가장 상상력과 영감이 잘 깃들어 있는 책입니다. 1절 '이새의 줄기에서 한 싹이 난다' 이새는 다윗왕의 아버지이니 다윗 왕가의 정통성을 말합니다. '싹'을 여러 가지로 해석하지만, 핵심은 오실 메시아, 예수 그리스도입니다.

하나님의 일이 전개되는 과정을 이사야서 11장 1절이 일러줍니다.

첫째, 싹이 틉니다. 둘째, 뿌리 내립니다. 셋째, 가지가 뻗습니다. 마지막 4단계에서 열매 맺습니다. 하나님의 일, 하나님의 일꾼이 하는 사역은 그 과정을 거칩니다. 우리는 너무 조급해서 건너뛰려고 합니다. 그러면 하나님의 일이 계속해서 이루어지지 못합니다.

이사야 11장이 상상력이 넘치는 책이라 했지요. 11장 2절 '그의 위에 여호와의 영 곧 지혜와 총명의 영이요 모략과 재능의 영이요 지식과 여호와를 경외하는 영이 강림하시리니' 메시아, 그리스도에게 임하실 사실을 일러줍니다. 성경을 읽을 때, 성경의 용어에 대한 정확한 이해가 필요합니다.

용어에 대한 이해가 확실해야 내 삶에 적용이 되고, 적용해야 삶에 변화가 오고 열매를 맺습니다. 그래서 성경을 읽고 공부하면서 그 중요한 단어, 은혜, 속죄, 구원 이런 단어들에 대한 정확한 의미가 딱 정리되어야 합니다. 2절의 지혜는 하나님의 뜻을 분별하는 영적 분별입니다. 총명은 세상적인 슬기로움을 말합니다. 합쳐서 성령 충만입니다. 그다음에 모략은 여러 사람이 의논해서 얻는 결론이 모략입니다. 재능은 개인의 재능입니다.

특별히 11장 6절 말씀 '그때에 이리가 어린양과 함께 살며 표범이 어린 염소와 함께 누우며 송아지와 어린 사자와 살진 짐승이 함께 있어 어린아이에게 끌리며'는 이사야서가 쓰여지던 그 당시에 국내외 정세를 비교해서 읽어야 합니다.

그때 이스라엘은 앗시리아의 위협으로 온 나라가 쑥밭이 되었습니다. 역사상에 나타난 정권 중에 가장 포악한 정권이 앗시리아 정권입니다. 앗시리아 정권은 부녀자들을 마구 죽이고 아이들도 팽개치고 포로들을 그냥 생매장해 버렸습니다. 그 시대에, 이사야는 미래의 하나님 나라의 평화의 시대를 예언한 것입니다.

9절 '물이 바다를 덮음같이 여호와를 아는 지식이 세상에 충만할 것임이라'. 이사야는 최악의 시대에 최선의 미래를 꿈꾸고 있습니다. 나는 이것을 한반도에 적용해서 통일한국 시대, 성서 한국 시대를 여기에서 꿈꿉니다. 그날이 오면 제주도 한라산에서 백두산 골짜기까지 여호와의 말씀이 넘치는 시대, 성서 한국 시대, 통일한국 시대가 온다고 믿고 있습니다.

10절에 다시 싹의 얘기가 나옵니다. '그날에 이새의 뿌리에서' 다윗 왕가의 정통에서 한 싹이 나는데 그 싹이 메시아 그리스도입니다.

'한 싹이 나서 만민의 기치로 설 것이요.'

기치는 깃발입니다. 메시아가 모든 사람이 바라보고 나갈 깃발로 선다고 수백 년 뒤에 일을 이사야가 영감 중에서 선포하는 겁니다.

chapter

36

이사야 요약 II

1장부터 39장까지는 책망과 심판 위주로 흐름을 이어가다가 40장 되면 내용이 질적으로 변화됩니다. 하나님의 용서, 회복의 역사가 40장 1절에서부터 시작됩니다.

'너희 하나님이 이르시되 너희는 위로하라 내 백성을 위로하라.'

위로, 용서, 은혜의 '무드'로 바뀝니다. 회개하고 하나님 앞으로 돌아왔기 때문입니다. 그래서 40장 2절에서 '너희는 예루살렘의 마음에 닿도록 말하며 그것에 외치라 그 노역의 때가 끝났다. 책망과 심판의 때는 지났다. 그 죄악이 사함 받았느니라'고 허물과 죄가 다 없어진 것으로 하나님이 인정하셨습니다.

이사야 53장에서 '크라이막스'에 오릅니다. 나는 이사야서를 읽으면 그 방대 함과 깊이, 미래의 그 상상력에 취합니다. 우리 가슴을 굉장히 뜨겁게 하는 책이 이사야서입니다. 53장 1절, 2절에서 '우리가 전한 것을 누가 믿었느냐 여호와의 팔이 누구에게 나타났느냐 그는 주 앞에서 자라나기를 연한 순 같고 마른 땅에서 나온 뿌리 같아서'라고 순, 뿌리로 표현합니다. 이사야 11장에서는 '싹'으로도 등장했습니다.

'고운 모양도 없고 풍채도 없은즉 우리가 보기에 흠모할만한 아름다운 것이 없도다.'

예수님의 외모나 체격이 빈약했다는 것입니다.

3절 '그는 멸시를 받아서 사람들에게 버림받았으며 간고를 많이 겪었으며.'

사람들에게 왕따 당하고 멸시받았습니다. 간난신고, 민생고의 쓰라린 체험, 가난과 어려움 중에서 뼈를 깎는 고통을 겪으면서 살았습니다. 갈릴리 나사렛 지방이 변두리 중의 변두리입니다. 서민들이, 어민들이 하루하루 살아가는 것이 참 벅찬 곳이 갈릴립니다. 서민들의 그 가정마다 환자가 있고 아픔이 있는 걸 보고 겪으면서 질병과 고통을 잘 아십니다.

히브리서를 '제오 복음서'라 말합니다. 히브리서의 주제가 대제사장 되신 예수님이신데, 우리의 대제사장 되시는 예수님은 부활, 승천하셔서 하늘 보좌 우편에 계시면서 지상의 우리를 도우시는데 어떻게 도우시느냐? 본인이 세상에 계셨을 때 서민들의 어렵고 각박한 숨가쁜 인생을 몸소 겪었기 때문에 능히 도와주실 수 있다고 일러줍니다.

이사야 53장 5절, 6절이 구약의 요한복음 3장 16절이라고 말합니다. 5절 '그가 찔림은 우리의 허물 때문이요 그가 상함은 우리의 죄악 때문이라 그가 징계를 받으므로 우리는 평화를 누리고 그가 채찍에 맞음

으로 우리는 나음을 받았도다.'

예수님이 채찍 맞으시고 십자가에서 찔리시고 죽으셨기 때문에, 우리 슬픔을 지고 가셨기 때문에 우리가 회복되고 나음을 받았습니다.

6절 '우리는 다 양 같아서 그릇 행하여 각기 제 길로 갔거늘 여호와께서는 우리 모두의 죄를 그에게 담당시키셨도다.'

그래서 요한복음 1장 29절에 세례요한이 예수님을 보고 '보라 세상 죄를 지고 가는 하나님의 어린 양이로다'라고 말씀하였습니다. 어린 양 예수님이 우리 모든 질병, 고통, 슬픔, 좌절을 지고 가십니다. 우리에게는 슬픔이여 안녕이고, 병에서 회복이고, 좌절에서 감사와 기쁨입니다.

이런 복음의 사건이 우리의 삶에서 일어나야 합니다. 밋밋하게 그냥 습관적으로 교회 생활, 신앙 생활 하는 것이 아니라 우리 영혼 속에, 삶 속에 복음의 사건이 일어나야 합니다. 이것이 예수 믿는 진짜 세계 아닙니까? 아무것도 안 일어나고 그냥 나른하게 졸듯이 예수 믿으면 그 참 따분하지요. 그래서 이사야 53장이 구약의 복음장, 아주 중요한 장입니다.

이사야 60장 1절 '일어나라 빛을 발하라 이는 네 빛이 이르렀고 여호와의 영광이 네 위에 임하였음이니라.'

하나님이 용서하시고 위로하시고 격려하시고 허물과 죄를 없던 것으로 하시고 나서 이제는 여호와의 영광, 용서, 은혜가 네 위에 임했다고 선포하십니다. 참 귀한 말씀이지요. 그래서 이사야서 같은 책은 영감과 상상력이 넘치는 책입니다.

이사야 61장은 크게는 예수님이 오셔서 하시는 사역이고, 좁게는 우리가 이 땅에서 감당해야 할 사역, 교회의 사역입니다.

61장 1절 '주 여호와의 영이 내게 내리셨으니'. 여호와의 영, 성령이 내게 오셨으니 '이는 여호와께서 내게 기름을 부으사' '기름을 부으사'에 줄을 칩시다. 두 가지 의미가 있습니다.

첫째 사명을 주시고 둘째 사명을 감당할 능력을 주셨다는 말씀입니다. 사명을 받았는데 능력이 없으면 아무것도 못 이루고 맙니다.

'기름을 부으사 가난한 자에게 아름다운 소식을 전하게 하심이라.' 가난한 자에게 전해지는 복음입니다.

'나를 보내사 마음이 상한 자를 고치며.'

요즘 마음이 상한 사람이 너무 많습니다. 상처받은 사람, 왜 그렇게 우울증이 많습니까? 우울증, 조울증, 공황장애, 신경쇠약, 불면증, 너무들 마음이 상처받아 있습니다. 특별히 한국 사회는 스트레스가 너무 많습니다. 그 마음들이 상해 있어요. 그래서 예수님의 초청에 우리가 무릎을 꿇어야 합니다.

마태복음 11장 28절 '수고하고 무거운 짐 진 자들아 다 내게로 오라 내가 너희를 쉬게 하리라.'

이것을 두레 수도원에서는 이렇게 해석합니다

'스트레스받고 갈등에 눌린 자들아, 두레 수도원으로 오라 우리가 쉬게 하겠습니다.'

그래서 '힐링 농장'을 준비하고 있습니다. 민들레, 다래잎 같은 것을 자연에서 채취해서 자연식으로 식사하고 좋은 공기 마시고 예배드리고 얼마나 치유가 중요합니까? 그렇지요? 우리가 두레 수도원을 기도의 터전, 치유의 장소로 만들려고 준비하고 있습니다. 좋은 목표지요. 참 감사한 일입니다.

예수님을 자꾸 부르면 우리 속에 들어있는 하나님의 영적 권위, 영적 에너르기가 우리를 치유하고 변화시킵니다. 예수님이 십자가를 지시고 부활하셨으므로 부활의 권능이 우리 위에 임하여 있습니다. 그래서 믿는 사람은 담대해야 합니다. 그래서 4절이 중요합니다.

61장 4절 '그들은 오래 황폐되었던 곳을 다시 쌓을 것이며 옛부터 무너진 곳을 다시 일으킬 것이며 황폐한 성읍 곧 대대로 무너져 있던 것들을 중수할 것이라.'

세대를 물려가면서 허물어진 정치의 기초, 민심의 기초, 도덕의 기초, 이걸 누가 다시 일으킬 수 있습니까? '네게서 날 자들이'입니다. 네가 누굽니까? 한국 교회요. 우리가 섬기는 교회입니다. 그리스도께서 주인 되시는 교회가 길러내는 크리스천, 하나님의 자녀들이 대를 물려가면서 허물어진 역사의 기초를 다시 쌓는 것입니다.

하나님이 우리들, 하나님의 자녀들을 통해서 허물어진 기초를 쌓게 하겠다. 굉장히 강력한 의미가 들어있습니다. 하나님이 직접 하시는 것이 아니고 하나님의 자녀들, 우리를 통해서 대를 물려가면서 허물어진 기초, 이걸 내가 너희를 통해서 다시 일으키게 하겠다. 이것이 우리에게 주어진 사명입니다. 위대한 사명입니다.

이사야 61장

¹주 여호와의 영이 내게 내리셨으니 이는 여호와께서 내게 기름을 부으사 가난한 자에게 아름다운 소식을 전하게 하려 하심이라 나를 보내사 마음이 상한 자를 고치며 포로된 자에게 자유를, 갇힌 자에게 놓임을 선포하며 ²여호와의 은혜의 해와 우리 하나님의 보복의 날을 선포하여 모든 슬픈 자를 위로하되 ³무릇 시온에서 슬퍼하는 자에게 화관을 주어 그 재를 대신하며 기쁨의 기름으로 그 슬픔을 대신하며 찬송의 옷으로 그 근심을 대신하시고 그들이 의의 나무 곧 여호와께서 심으신 그 영광을 나타낼 자라 일컬음을 받게 하려 하심이라 ⁴그들은 오래 황폐하였던 곳을 다시 쌓을 것이며 옛부터 무너진 곳을 다시 일으킬 것이며 황폐한 성읍 곧 대대로 무너져 있던 것들을 중수할 것이며 ⁵외인은 서서 너희 양 떼를 칠 것이요 이방 사람은 너희 농부와 포도원지기가 될 것이나 ⁶오직 너희는

여호와의 제사장이라 일컬음을 받을 것이라 사람들이 너희를 우리 하나님의 봉사자라 할 것이며 너희가 이방 나라들의 재물을 먹으며 그들의 영광을 얻어 자랑할 것이니라 ⁷너희가 수치 대신에 보상을 배나 얻으며 능욕 대신에 몫으로 말미암아 즐거워할 것이라 그리하여 그들의 땅에서 갑절이나 얻고 영원한 기쁨이 있으리라 ⁸무릇 나 여호와는 정의를 사랑하며 불의의 강탈을 미워하여 성실히 그들에게 갚아 주고 그들과 영원한 언약을 맺을 것이라 ⁹그들의 자손을 뭇 나라 가운데에, 그들의 후손을 만민 가운데에 알리리니 무릇 이를 보는 자가 그들은 여호와께 복 받은 자손이라 인정하리라 ¹⁰내가 여호와로 말미암아 크게 기뻐하며 내 영혼이 나의 하나님으로 말미암아 즐거워하리니 이는 그가 구원의 옷을 내게 입히시며 공의의 겉옷을 내게 더하심이 신랑이 사모를 쓰며 신부가 자기 보석으로 단장함 같게 하셨음이라 ¹¹땅이 싹을 내며 동산이 거기 뿌린 것을 움돋게 함 같이 주 여호와께서 공의와 찬송을 모든 나라 앞에 솟아나게 하시리라

chapter

37

복음의 능력
이사야 61장

"주 여호와의 영이 내게 내리셨으니 이는 여호와께서 내게 기름을 부으사 가난한 자에게 아름다운 소식을 전하게 하려 하심이라 나를 보내사 마음이 상한 자를 고치며 포로된 자에게 자유를, 갇힌 자에게 놓임을 선포하며" 이사야 61장 1절

이사야 61장은 메시아, 예수 그리스도께서 오셔서 하시는 일을 말씀하시고 그 일을 우리 예수를 믿는 사람들이 이어 나가야 할 것에 대해서 밝혀줍니다.

'주 여호와의 영'은 성령입니다. 성령이 내게 임하셨으니, 여호와께서 내게 '기름을 부으사' 인데 사명을 준 것이 기름 부은 것이고 사명을 감당할 능력을 주신 것이 기름 부으신 겁니다.

그런데 구약 전통에서는 기름 부음 받는 사람이 세 가지 직종입니다.

왕을 세울 때 기름을 붓고, 제사장을 세울 때 기름을 붓고, 또 예언자를 세울 때 하나님이 직접 성령의 기름을 붓습니다. 제사장은 아버지가 제사장이면 아들이 바로 승계하기 때문에 대를 이어갑니다. 제사장이 삼십 세에 시작되기 때문에 성경 전통에 삼십 전에는 학습 준비 기간, 삼십 세에 이제 기름 붓고 제사장직을 수행하게 됩니다. 그래서 요셉도 삼십 세, 에스겔도 삼십 세, 세례요한도 삼십 세, 예수님도 삼십 세, 성경의 전통에 삼십 세가 공적 업무를 감당하는 나이입니다.

제사장은 사람들을 대변해서 하나님께 제사 드리고 중보기도하고 치유를 담당하고 가르치고 하는 역할인데, 예언자는 반대로 하나님을 대변해서 사람들에게 선포합니다. 예언자는 승계가 안 되고 이사야 같은 왕족, 아모스 같은 농사꾼, 엘리사 같은 밭 갈던 사람들을 그때그때 하나님이 직접 선택해서 예언자를 세우십니다.

구약에서는 이것이 반드시 분리되었습니다. 왕이면서 제사를 감당하면 이것은 영적으로 책벌 감입니다. 그걸 잘못해서 크게 낭패당한 왕이 사울 왕입니다. 블레셋과 전투를 앞두고 예언자 사무엘이 빨리 안 오니까 조급해서 자기가 제사를 집례했습니다.

왕이면서 제사를 자기가 주도하다가 제사 올리는 도중에 사무엘이 도착했지요. 사무엘은 영적 통찰력을 가지고 타이밍에 맞게 오는데, 사울이 조급한 마음에 그렇게 제사를 대행하다가 크게 책망을 받았습니다. 그런데 이것이 신약에 가면 한 사람에게 다 모입니다. 메시아, 예수 그리스도께서 왕이시고 제사장이시고 예언자이십니다. 예수님에게 세 가지가 다 모이게 됩니다.

'성령이 내게 임해서 내게 사명을 주시고 사명을 감당할 능력을 주셨으니 가난한 자에게 아름다운 소식을 전하게 하려 하심이라.'

역사상에 가난한 자에게 관심 가진 가장 큰 기관이 기독교와 공산주의입니다. 공산주의는 태생 자체가 계급 이론으로 둘로 나누었습니다. 국제 공산주의 운동이 '가진 자_부루조아지 계급'를 '가지지 못한 자_프롤레타리아트 노동계급'가 힘을 합쳐서 무력으로 숙청하고 계급 없는 사회를 건설하는 것입니다. 계급을 없애고 계급 없는 사회, 이상 사회를 건설한다. 그래서 공산주의가 사탄의 이론입니다. 공산주의가 등장한 이래로 거의 일억이라는 인명이 굶어 죽고 맞아 죽고 전쟁에 죽고, 인류 역사에 공산주의 피해가 엄청납니다.

교회는 항상 가지지 못한 자에 대해 관심과 사랑을 강조합니다. 구약 전통에서부터 시작하여 예수님도 거듭, 거듭 강조하셨습니다. 성경을 통해 정립된 민주주의의 4가지 가치관이 있습니다.

정치적으로 자유민주주의, 경제적으로 자본주의, 사회적으로 복지사회, 거기에 인권입니다.

그런데 성경적 윤리, 삶을 벗어나서 자본주의가 따로 돌아가면 타락한 자본주의가 됩니다. 그걸 '천민자본주의'라고 합니다.

'막스 웨버'라는 독일의 사회학자가 고전에 속하는 아주 유명한 책을 썼습니다. '프로테스탄티즘 윤리와 자본주의 정신' 인데 이 책은 반드시 읽어야 합니다. 내가 옛날에 빈민촌 선교할 때는 그 책을 꼭 읽어야 집사를 시켰습니다. 신앙이 기본이고 구원받는 신앙 위에 건강한 사상이 있어야 합니다. 그 사상 더하기 세상을 바꿀 수 있는 운동성,

이 세 가지가 같이 따라야 합니다. 한국교회 자랑은 복음적인 전통, 신앙은 기초가 탄탄한 셈입니다. 그런데 사상성이 약합니다. 그러면 교회 집사나 교회 청년들이 사회주의, 공산주의 함정에 빠지는 겁니다.

우리 교인들이 교회에서 예배드리고 할렐루야 찬양하는 것으로 끝나면 안 됩니다. 분명한 신앙 위에 이 시대 정신, 사상성을 가지고 좋은 세상 만드는 데까지 우리가 생각하고 그걸 실천할 수 있는 실천력을 가져야 합니다. 그걸 '운동성'이라고 합니다. 복음적일 것, 사상이 분명할 것, 변화시킬 수 있는 사명감이 있을 것, 삼박자가 맞아야 합니다. 교회에서 교인들 훈련 시킬 때 그런 정신이 없이 그냥 교회 순종 잘하라 하고 믿음만 가지라고 하면 안 됩니다. 교회가 깨어야 합니다.

내가 서른 살에 대한민국에서 제일 가난한 데 가서 사역하려고 청계천 판자촌에 들어가서 그들을 위해 일을 열심히 한다고 했는데, 세월이 지나고 보니까 성경이 말하는 가난한 자들은 경제적으로 사회적으로 가난한 사람들뿐 아니라 영적으로 가난한 사람들, 정신적으로 가난한 사람들 다 포함된다는 것을 십여 년이 지난 뒤에 알게 되었습니다. 그래서 가난하다는 범위를 넓혀야 합니다.

내가 많은 사람을 그 뒤에 만났는데 가난한 부자들을 너무 많이 만났습니다. 경제적으로나 사회적으로 굉장히 좋은 자리, 경제력도 탄탄하고 부잔데, 그 영혼이 그 마음이 너무 가난한 것을 내가 느끼고 아, 그렇구나, 성경에 가난한 자들이라는 것은 경제적으로 가난한 자들을 말하는 것이 아니로구나, 오히려 물질은 넉넉한데 정신적으로 영적으로 가난한 영혼들이 너무 많다는 것을 내가 느꼈습니다.

가난한 자들에게 아름다운 소식, 아름다운 소식이니까 복음입니다. 요즘 살만해졌는데 마음은 더 가난해졌습니다. 마음 상한 사람이 너무 많습니다. 상처받은 마음, 성경에서는 그걸 '쓴 뿌리'라고 합니다. 이 쓴 뿌리가 해결 안 되면 교회 다니면서 정서적으로 정신적으로 병이 들게 되고 교회 다니면서도 우울증, 공황장애, 조울증, 불면증에 시달립니다. 이런 마음이 상한 사람들이 생각 외로 많습니다.

이사야 61장에서 성령이 임해서 사명 주시고 감당할 능력 주십니다. 그 사명이 무엇이냐 하면 마음이 상한 자를 고치고 포로 된 자에게 자유를 주는 것입니다. 꼭 감옥에 있고 전쟁의 포로만 포로가 아니라 물질의 포로, 권력의 포로, 인간관계의 포로, 어딘가 매여서 제 자유를 누리지 못하는 영혼들이 너무나 많습니다.

오십 년이 넘게 목회하면서 멀쩡하게 자유롭게 살면서 정신, 영혼, 마음은 갇힌 자들이 너무 많다는 것을 내가 늘 체험했습니다. 사람들을 만나서 대화를 해 보면 교회는 다니는데, 뭔가에 갇혀 있어요. 자유로움을 누리고 편안하지를 못하고 자기 속에 갇혀 있고, 어떤 고정관념에 갇혀 있고, 갇히고 포로 되고 상한 마음, 너무나 많은 것을 느끼게 됩니다. 이런 사람들에게 자유를 공포하고 포로 된 자를 해방하고, 갇힌 자를 풀어주는 것이 복음의 능력입니다.

복음의 능력은 엄청 넓고 깊습니다. 교회가 그 복음의 능력으로 예배를 통하여, 성도들의 교제를 통하여, 합심 기도를 통하여 상한 마음이 치유되어야 하고 갇힌 자가 놓임을 받게 되고 포로 된 자가 자유를 얻는 역사가 일어나야 합니다.

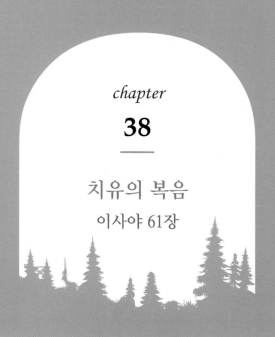

chapter

38

치유의 복음
이사야 61장

"주 여호와의 영이 내게 내리셨으니 이는 여호와께서 내게 기
름을 부으사 가난한 자에게 아름다운 소식을 전하게 하려 하
심이라 나를 보내사 마음이 상한 자를 고치며 포로된 자에게
자유를, 갇힌 자에게 놓임을 선포하며" 이사야 61장 1절

　기독교가 가지는 가장 강력한 힘, 메시지는 치유의 복음입니다. 병
든 자, 상처받은 자, 눌린 자를 자유하게 하는 복음, 힐링 파워, 힐링
에너지입니다. 불교 같은데는 구원의 길도 없지만 치유의 메시지도 약
합니다. 자기가 스스로 도 닦아서 깨달음으로 그걸 벗어나야 하는데
사실 그것은 특별한 소수에게만 합당한 경우입니다.

　예수님의 말씀은 매우 대중적이고 보편적이고 간결합니다. 가장 대
표적인 구절이 마태복음 11장 28절입니다.

"수고하고 무거운 짐 진 자들아 다 내게로 오라 내가 너희를
쉬게 하리라 나는 마음이 온유하고 겸손하니 나의 멍에를 메
고 내게 배우라 그리하면 너희 마음이 쉼을 얻으리니 이는 내
멍에는 쉽고 내 짐은 가벼움이라 하시니라" **마태복음 11장 28~30절**

복음은 쉬는 것입니다. 예수님 안에서 안식을 얻는 것입니다. 두레
수도원에는 독특한 금식 프로그램이 있습니다. 요즘 말로 콘텐츠가 특
이합니다. 첫째 목적이 성령 충만이 아닙니다. 회개 운동도 아닙니다.
안식, 쉬는 것입니다. 열흘 동안 은혜 안에 푹 쉬도록 자유롭고 자발적
으로 참여합니다.

우리 시대가 너무 바쁘고, 여기 저기에 매여 있어 영적으로 정신적
으로 쉬지 못해 자기 자신의 본성을 찾지 못하고 쉼을 누리지 못합니
다. 거기서 오는 부작용이 엄청납니다. 그래서 안식하고 성경 공부하
고 기도하고 운동합니다. 모든 것이 '쉼'에 초점이 맞추어 있습니다.

"여호와의 은혜의 해와 우리 하나님의 보복의 날을 선포하여
모든 슬픈 자를 위로하되" **이사야 61장 2절**

같은 날인데 은혜의 날이고 보복의 날입니다. 하나님을 등지고 세상
에 취했던 자들은 그날이 보복의 날, 복수의 날이고 은혜로 살았던
하나님의 자녀들은 은혜의 날입니다. 하나님을 섬기고 자기 사명을
감당한 사람은 그날이 은혜의 날, 나팔의 날, 기쁨의 날, 여러 가지로

말합니다.

레위기 25장 첫 부분에 나오는 희년이 은혜의 날입니다. 희년, 기쁨의 해, 나팔의 해, 히브리어로 나팔이 '요벨'입니다. 그래서 '요벨의 날'인데 그 나팔이 그냥 나팔이 아닙니다. 성경에 나오는 나팔이 정해져 있습니다. 숫염소 뿔로 만든 나팔이어야 합니다. 어디서 성경적인 근거가 시작되었느냐 하면 창세기 22장에 성경적인 바탕이 있습니다.

창세기 22장에 하나님이 아브라함에게 백 세에 얻은 아들을 바치라고 명령하셨습니다. 그때 숫양의 뿔이 나옵니다.

'그 일 후에 하나님이 아브라함을 시험하시려고.'

시험에는 두 가지가 있습니다. 하나님이 우리에게 주시는 하늘로부터 오는 시험이 있고 자기 정욕, 욕심으로 인해 땅으로부터 오는 시험이 있습니다. 우리가 사노라면 시험에 듭니다. 가정으로나 개인으로나 교회로도 시험이 듭니다. 시험이 올 때 이것이 하늘로부터 오는 시험이냐? 내 혈기, 욕심으로부터 오는 시험이냐? 그것을 판단해야 합니다. 창세기 22장에 하나님이 아브라함에게 시험한 것은 하나님이 주시는 시험입니다.

> "그 일 후에 하나님이 아브라함을 시험하시려고 그를 부르시되 아브라함아 하시니 그가 이르되 내가 여기 있나이다 여호와께서 이르시되 네 아들 네 사랑하는 독자 이삭을 데리고 모리아 땅으로 가서 내가 네게 일러 준 한 산 거기서 그를 번제로 드리라" 창세기 22장 1~2절

하나님이 아들을 제물로 바치라고 했는데 앞에 단서가 있습니다. '네가 사랑하는 아들' 그러니까 하나님이 주시는 시험은 어느 쪽을 더 사랑하느냐입니다. 하나님을 사랑하느냐? 아들을 더 사랑하느냐? 하나님이 첫째냐, 물질이 첫째냐, 시험의 기준이지요. 죽어서 피를 흘리고 드리는 제사가 번제입니다. 그런데 번제로 바치라고 하십니다.

백 세에 얻은 아들이니 얼마나 소중한 아들입니까? 가문을 이어갈 후손입니다. 모리아 산이 그 옆에 있는 산이 아니고 사흘 길을 가야 합니다. 그러니까 3일 동안 고민하면서 하나님이 혹시 취소하지나 않을까? 잘못 들은 것은 아닐까? 이번에 눈 질끈 감고 그냥 아들을 살릴까? 얼마나 고민했을까요?

> "아브라함이 아침에 일찍이 일어나 나귀에 안장을 지우고 두 종과 그의 아들 이삭을 데리고 번제에 쓸 나무를 쪼개어 가지고 떠나 하나님이 자기에게 일러 주신 곳으로 가더니"
>
> 창세기 22장 3절

아브라함의 완전한 순종입니다. 하나님의 말씀이니까 무조건 순종했습니다. 아침에 일찍 일어나서 순종하여 나귀를 안장에 지우고 모리아 산으로 삼 일 길을 갔는데 거기 가서 자기 시종들은 밑에 산 아래에 머물라 하고 아들하고 자기하고 둘이 산꼭대기로 올라갑니다. 그랬더니 아들이 묻습니다.

22장 7절 '이삭이 그 아버지 아브라함에게 말하여 이르되 내 아버지여 하니 그가 이르되 내 아들아 내가 여기 있노라 이삭이 이르되 불과 나무는 있거니와 번제할 어린 양은 어디 있나이까.'

자기가 제물인 줄 모르고 불도 준비했고 장작도 준비했는데 번제로 드릴 양은 어디 있냐고 묻는데 아버지가 뭐라고 대답합니까? 네가 그 번제로 드릴 양이라고 대답 안 하고 8절 '아브라함이 이르되 내 아들아 번제할 어린 양은 하나님이 자기를 위하여 친히 준비하시리라 하고' 하나님이 준비하신다고 대답합니다. 이것을 '여호와 이레'라고 합니다. 하나님이 아브라함에게 아들을 바치라고 지시했던 그 시험을 통해서 얻은 영적 결론이 바로 '여호와 이레'입니다.

아브라함이 산꼭대기에 가서 아들에게 칼을 대려 하니까 여호와의 사자가 막으셨습니다.

'그 아이에게 네 손을 대지 말라 그에게 아무 일도 하지 말라 네가 네 아들 네 독자까지도 내게 아끼지 아니하였으니 내가 이제야 네가 하나님을 경외하는 줄 아느니라.'

통과된 거지요. 네가 그 정도로 순종하는 것 보니까 네 신앙이 진짜다. 그래서 믿음의 조상 아브라함이 된 것입니다. 13절이 중요합니다.

> "아브라함이 눈을 들어 살펴본즉 한 숫양이 뒤에 있는데 뿔이
> 수풀에 걸려 있는지라 아브라함이 가서 그 숫양을 가져다가
> 아들을 대신하여 번제로 드렸더라" 창세기 22장 13절

13절에서 모든 나팔은 숫양의 뿔로 만드는 시작이 되었습니다. 아들

이삭을 대신하여 번제로 드릴 숫양이 수풀에 뿔이 걸려서 거기 있었습니다. 수풀에 뿔이 걸린 숫양, 복음적으로는 십자가에 죽으신 예수님으로 영적으로 받아들입니다. 그것이 예수님의 그림자이기 때문에 그 뒤로 메시아를 기다리는 이스라엘 사람들은 모든 행사에 나팔은 숫양 뿔로 만듭니다. 오순절의 나팔도 그렇고 유월절의 나팔도 그렇고 나팔 불 때는 숫양 뿔로 합니다. 14절이 결론입니다. 우리가 이런 신앙에 도달해야 합니다.

> "아브라함이 그 땅 이름을 여호와 이레라 하였으므로 오늘날
> 까지 사람들이 이르기를 여호와의 산에서 준비되리라 하더라"
> 창세기 22장 14절

하나님이 준비하셨습니다. 이 말씀을 통해서 우리 가정, 우리 교회, 우리 자신에게 필요한 것을 하나님이 미리 준비하신 줄 믿습니다. 이것이 '여호와 이레' 신앙입니다.

'여호와 이레' 신앙을 가르쳐 주려고 이스라엘 백성들은 나팔을 불 때마다 반드시 숫양 뿔로 나팔을 만들어서 붑니다. 하나님의 백성들에게는 치유와 기쁨의 해고, 회복의 해인데, 하나님을 모르는 백성들에게는 보복의 날, 심판의 날이 되는 겁니다.

chapter

39

두레운동
이사야 61장

이사야 61장은 두레 선교운동 역사의 중요한 장입니다. 1971년 10월 3일은 주일이자 개천절이었습니다. 청계천 빈민촌에서 선교 사역을 시작하며 이날 창립 예배를 드렸는데 그때 읽은 본문이 이사야 61장 1절에서 4절입니다. 그 뒤로 해마다 10월 첫 주, 창립일이 되면 항상 이 본문을 읽었습니다. 내가 이 년 동안 감옥에 가 있을 동안에는 읽지 못했지만 53년 교회 역사 속에서 항상 10월 첫 주가 되면 이사야 61장 1절에서 4절을 본문으로 설교하곤 했었습니다.

"주 여호와의 영이 내게 내리셨으니 이는 여호와께서 내게 기름을 부으사 가난한 자에게 아름다운 소식을 전하게 하려 하심이라 나를 보내사 마음이 상한 자를 고치며 포로된 자에게 자유를, 갇힌 자에게 놓임을 선포하며 여호와의 은혜의 해와

우리 하나님의 보복의 날을 선포하여 모든 슬픈 자를 위로하
되 무릇 시온에서 슬퍼하는 자에게 화관을 주어 그 재를 대신
하며 기쁨의 기름으로 그 슬픔을 대신하며 찬송의 옷으로 그
근심을 대신하시고 그들이 의의 나무 곧 여호와께서 심으신
그 영광을 나타낼 자라 일컬음을 받게 하려 하심이라 그들은
오래 황폐하였던 곳을 다시 쌓을 것이며 옛부터 무너진 곳을
다시 일으킬 것이며 황폐한 성읍 곧 대대로 무너져 있던 것들
을 중수할 것이며" 이사야 61장 1~4절

53년 전 신학교에 들어가서 전도지를 들고 청계천 판잣집을 돌아다
니며 전도하다가 몸은 젓가락과 같이 마르고 배는 만삭이 된 여인처럼
불뚝 나와 있는, 너무나 비참한 아이를 만났습니다. 돈이 없어 부모도
포기한 아이입니다. 그 아이를 병원으로 데리고 가서 진찰을 받아보니
결핵이었습니다. 수술은 돈이 너무 많이 들어서 엄두도 못 내고 병원
에서 두 달치 약을 타가지고 와서 그 아이에게 주며 말했습니다.

"학형아, 수술하면 나을 수 있으니까 길이 열릴 때까지 이 약을 잘
먹고 있어야 한다. 예수님께 열심히 기도하면 고쳐주실거야. 약 잘 먹
고 기도 열심히 하기로 전도사님과 약속하자."

학형이는 기도를 열심히 해서 기적적으로 나았습니다. 동네 사람들
이 나를 바라보는 시선이 바뀌었고 은근히 교회 세워주기를 기대했습
니다. 나는 청계천 뚝방 길을 걸으며 생각하고 또 생각했습니다.

'예수님이 지금 서울에 오신다면 어디로 가시겠는가? 예수님이 서울에 오시면 세종로로 가시겠는가? 종로나 을지로나 번화한 데로 가시겠는가? 이 청계천 둑 밑에 빈민촌 이리로 예수님이 오실 것이다.'

그래서 마침내 청계천 빈민촌에서 개척교회를 시작했습니다. 그때 두레 선교운동의 비전이 이사야 61장 1절에서 4절 말씀 속에 담겨 있습니다.

'주 여호와의 영이 내게 내리셨으니 이는 여호와께서 내게 기름을 부으사 가난한 자에게 아름다운 소식을 전하게 하심이라.'

청계천 빈민촌에서 빈민 선교를 시작하면서 이 본문 말씀이 가장 합당한 말씀이라 생각해서 본문을 읽고 설교를 했었습니다.

우리가 성경을 읽으면서 냉랭하게 졸다가 읽듯이 대충 읽지 말고 마음을 열고 그 속에 담긴 성령님의 말씀, 음성, 이 시대를 향한 비전, 또 내일을 향한 우리의 사명, 이런 걸 뜨겁게 깨달을 수 있어야 합니다.

61장 4절 '그들은 오래 황폐하였던 곳을 다시 쌓을 것이며.'

그들이 누굽니까? '한국교회 성도들이', '한국교회가 길러낼 일꾼들이' 황폐되었던 나라와 백성, 역사를 다시 쌓을 것입니다. 한국교회의 일꾼들이, 젊은이들이, 목회자, 각지에 나가 있는 선교사들이 허물어진 세대와 세대를 거치면서 허물어진 기초를 다시 쌓을 것입니다.

주체는 하나님입니다. 하나님이 기초를 다시 쌓는데 하나님의 일에 일꾼으로 쓰임 받는 것이 한국교회 성도들입니다. 매우 중요한 말씀이지요. 나는 이런 말씀을 읽고 설교할 때 성도들이 이 말씀에 담겨 있는 깊은 의미를 가슴 깊이 받아들이지 못할 것 같아서 자꾸 조바심이 납니다. 이 말씀이 얼마나 중요한 말씀인데요!

'기초를 너희를 통해서 쌓게 하겠다'라는 하나님의 결심, 하나님의 의지, 하나님의 뜻이 이 속에 담겨 있는데 우리가 그냥, 그냥 읽고 지나가 버리게 되면 그 속에 담긴 영적 의미가 흘러가 버립니다.

하나님이 모세를 팔십에 쓰셨습니다. 시편 91편에서 모세가 인생이 길어야 칠십이요 팔십이라고 썼습니다. 그 시대는 칠십, 팔십에 거의 다 인생을 끝냈는데, 하나님은 모세가 늙었다고 물러나는 것을 허락 안 하신 겁니다. 하나님이 다시 사십 년간 쓰셨습니다. 두레 마을은 그래서 지금도 노인이 꿈꾸는 마을을 지향합니다.

여호수아의 동지 갈렙이 헤브론 산을 공격해서 차지한 것이 팔십오 세 때입니다. 그러니까 하나님 보시기에 젊었다, 늙었다가 문제가 아니라 누가 사명자로서 부름에 응답하고 누가 사명자로서 인생을 투자하느냐? 그것이 중요합니다.

'우리가 돈이 있나? 재주가 있나? 평범한 사람들이 그런 큰일을 할 수 있나?'

그것은 자기 생각입니다. 우리를 쓰시는 하나님의 뜻은 차원이 다릅니다.

'내 생각은 너희 생각과 다르며 내 뜻은 너희 뜻과 다르다. 하늘이 땅보다 높음같이 나 여호와의 생각은 너희 생각하고는 다르다.'

하나님의 뜻에 우리 인생을 온전히 맡기면 하나님이 알아서 사용하시게 될 줄로 믿습니다.

예수님이 자기 사역을 설명하면서 이사야서 61장의 첫 부분, 이 말씀을 읽으면서 내가 이것을 위하여 왔다고 말씀하셨습니다.

> "예수께서 그 자라나신 곳 나사렛에 이르사 안식일에 늘 하시던 대로 회당에 들어가사 성경을 읽으려고 서시매 선지자 이사야의 글을 드리거늘 책을 펴서 이렇게 기록된 데를 찾으시니 곧 주의 성령이 내게 임하셨으니 이는 가난한 자에게 복음을 전하게 하시려고 내게 기름을 부으시고 나를 보내사 포로된 자에게 자유를, 눈 먼 자에게 다시 보게 함을 전파하며 눌린 자를 자유롭게 하고 주의 은혜의 해를 전파하게 하려 하심이라 하였더라 책을 덮어 그 맡은 자에게 주시고 앉으시니 회당에 있는 자들이 다 주목하여 보더라 이에 예수께서 그들에게 말씀하시되 이 글이 오늘 너희 귀에 응하였느니라 하시니"
>
> 누가복음 4장 16~21절

예수님의 시대에는 회당의 분위기가 대단히 자유로워서 안식일에 모임을 가지면 그중에 선생이나 인정받는 사람이 말씀을 읽습니다. 구약의 전통이 지금까지 이어집니다. 예수님이 회당에서 오늘 무슨 말씀을 읽겠다고 선택하는데 그날 무슨 본문을 택했냐 하면 이사야서 61장 본문을 찾아서 읽었습니다.

성경 읽을 때 세 사람이 두루마리를 가지고 한 사람은 두루마리를 폅니다. 한 사람은 읽습니다. 한 사람은 읽은 부분을 두루마리를 말아들어옵니다. 꼭 성경 읽을 때 삼인 일조가 되어서 한 사람은 두루마리를 펴고 한 사람은 두루마리를 말아 들어오고 가운데서 그날 말씀 전하는 사람이 그 말씀 읽고 해설하는데, 그 말씀은 이제 '토라'라고 하고 그 '토라'에 대해서 영적 스승들이 주해한 해설서를 '탈무드'라고 그렇게 부릅니다.

이사야 말씀이 담긴 두루마리 다 읽으시고 하신 예수님의 말씀이 핵심입니다.

21절 '이에 예수께서 그들에게 말씀하시되 이 글이 오늘 너희 귀에 응하였느니라.'

무슨 말이겠습니까? 예수님이 이 땅에 온 것이 바로 이걸 실천하려고 왔다고 하십니다. 이 땅에 진정한 자유와 진정한 평등과 하나님의 안식을 주시려고 온 것입니다. 하나님이신 그리스도께서 이 땅에 오신 것을 '성육신_인카네이션'이라고 합니다.

예수님이 이 땅에 왜 왔느냐? 바로 이사야서 61장 1절과 2절의 말씀을 성취하려고 왔습니다. 메시아로 오신 예수님의 선포입니다.

"주 여호와의 영이 내게 내리셨으니 이는 여호와께서 내게 기름을 부으사 가난한 자에게 아름다운 소식을 전하게 하려 하심이라 나를 보내사 마음이 상한 자를 고치며 포로된 자에게 자유를, 갇힌 자에게 놓임을 선포하며 여호와의 은혜의 해와 우리 하나님의 보복의 날을 선포하여 모든 슬픈 자를 위로하되" 이사야 61장 1~2절

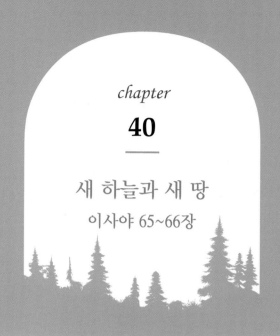

chapter

40

———

새 하늘과 새 땅

이사야 65~66장

"보라 내가 새 하늘과 새 땅을 창조하나니 이전 것은 기억되거
나 마음에 생각나지 아니할 것이라" 이사야 65장 17절

'새 하늘과 새 땅'

이사야서의 결론이고 성경 전체의 결론입니다. 바로 하나님의 구원
역사의 결론입니다. 지금 하늘과 지금 땅은 사라지고 하나님께서 새
역사를 창조하신다는 위대한 말씀입니다. 하나님의 구속 역사의 마지
막 말씀이 '새 하늘과 새 땅'입니다.

이사야서는 책망과 심판에서 시작해서 희망으로 마무리가 됩니다.
하나님의 역사는 항상 그렇게 좌절과 상처, 아픔 속에 있는 사람을, 잘
못 살아온 세월을 꾸짖어 책망하시고 회개할 기회를 주시고 그다음에

미래의 희망을 주십니다. 그 공식이 이사야서에 그대로 적용이 됩니다. 그래서 이사야서는 오늘을 살아가는 우리에게 삶의 지침이 됩니다.

이사야서의 공식이 네 단계입니다. 백성들의 불순종과 배반이 일 단계이고 하나님의 징벌과 채찍이 이 단계입니다. 그리고 회개와 순종이 삼 단계입니다. 마지막에 회복과 축복, 새로운 비전입니다. 네 단계가 공식적으로 이사야서 66장 속에 그대로 들어가 있습니다.

> "내가 지을 새 하늘과 새 땅이 내 앞에 항상 있는 것 같이 너희
> 자손과 너희 이름이 항상 있으리라 여호와의 말이니라"
>
> 이사야 66장 22절

66장도 같은 비전의 말씀입니다. 66장 22절에 '내가 지을 새 하늘과 새 땅이 내 앞에 항상 있는 것같이'라고 예언합니다. 예언자 이사야는 그런 비전, 환상을 늘 마음에 품고 있습니다.

'새 하늘과 새 땅이 내 앞에 있다. 너희 자손과 너희 이름이 항상 있으리라.'

이사야의 결론이 새 하늘과 새 땅입니다. 이 말씀은 요한계시록 마지막 부분과 통합니다.

> "또 내가 새 하늘과 새 땅을 보니 처음 하늘과 처음 땅이 없어
> 졌고 바다도 다시 있지 않더라 또 내가 보매 거룩한 성 새 예
> 루살렘이 하나님께로부터 하늘에서 내려오니 그 준비한 것이

신부가 남편을 위하여 단장한 것 같더라 내가 들으니 보좌에
서 큰 음성이 나서 이르되 보라 하나님의 장막이 사람들과 함
께 있으매 하나님이 그들과 함께 계시리니 그들은 하나님의
백성이 되고 하나님은 친히 그들과 함께 계셔서 모든 눈물을
그 눈에서 닦아 주시니 다시는 사망이 없고 애통하는 것이나
곡하는 것이나 아픈 것이 다시 있지 아니하리니 처음 것들이
다 지나갔음이러라" 요한계시록 21장 1~4절

요한계시록 21장과 22장을 천국 장이라고 부르는데 이사야서 66장
에 나오는 '새 하늘과 새 땅'이 요한계시록 21장에도 나옵니다. 이사야
에서는 예언으로 나오는데 계시록에서 현실로 성취됩니다.

21장 2절 말씀의 '거룩한 성 새 예루살렘'은 지금 지도상에 나오는
예루살렘이 아니고 '하나님이 건설하신 새 예루살렘_New Jerusalem'입
니다.

'모든 눈물을 그 눈에 닦아주시매'

참으로 귀한 말씀입니다. 눈물을 닦아주시는 하나님, 새 하늘과 새
땅에서 모든 지상의 눈물을 닦아 주시고 한을 풀어주시고 억울한 것,
눌린 것, 다 회복시켜 주신다는 하나님의 말씀입니다. 우리 신앙인들
은 어떤 시련과 역경 중에서도 그런 비전을 마음에 품고 살아갑니다.

"이는 보좌 가운데에 계신 어린 양이 그들의 목자가 되사 생명

수 샘으로 인도하시고 하나님께서 그들의 눈에서 모든 눈물을

씻어 주실 것임이라" 요한계시록 7장 17절

어린양 예수님을 말합니다. 백성들의 눈에서 눈물 씻어주시는 어린 양 예수님! 얼마나 우리 성도들에게 위로를 주고 비전을 줍니까? 이사야서, 요한계시록, 이런 책들은 영적으로 하나로 연결되어 있습니다.

내가 대학에서 조교 하다가 예수님을 영접했습니다. 1968년 12월 4일입니다. 그래서 유학 가려던 것을 포기하고 신학교에 들어가기 전에 먼저 시골에 가서 목회를 시작했습니다. 경상남도와 경상북도 경계에 있는 목단교회였습니다.

그곳에서 호미 하나 들고 집집마다 찾아다니며 농사일도 같이 하고 전도도 했습니다. 그곳에서 이웃 교회의 자살한 처녀의 장례를 했습니다. 본 교회 목사님이 자살한 사람 장례는 안 된다고 해서 같은 교회 청년이 나를 찾아왔습니다. 그 처녀를 산에다가 묻고 내려와서 처녀 집에 들러서 장소라도 알려주고 가려는데 아버지라는 인간은 술 먹고 멍석에 누워 노들강변을 찾고 있고 안방 문 열어놓고 머리가 부스스하고 옷매무새가 흩어진 아줌마가 먼 산 쳐다보고 있었습니다.

그 아주머니에게 처녀가 묻힌 골짜기 이름 알려주고 돌아서는데 아주머니가 나를 불러서 얼굴 앞에까지 갔더니 자기가 깔고 앉은 돗자리에서 누렇게 변한 지폐를 끄집어내서 나를 주면서 "선상님 고맙습니다. 내 딸 묻어주셔서 고맙습니다. 이걸로 가시다가 사이다라도 사

잡수세요"라고 하는데 그 아줌마의 눈동자에서 인간이 살아가는 괴로움, 외로움이 가득 고인 눈물을 보았습니다.

내가 그 돈을 받아서 성경 위에 돈을 놓고 한 시간쯤 울었습니다. 괜히 그렇게 서럽고 눈물이 나더라고요. 한 시간쯤 울고 내가 무릎을 꿇고 기도했습니다. 그때 드린 기도가 내 오십 년 목회의 규정입니다.

"예수님, 내가 내년에 신학 가서 목사가 되면 큰 교회, 유명한 목사, 월드 비전 안 찾고 눈물 닦아주는 목사 하겠습니다. 서러운 사람과 같이 서러워하고, 아픈 사람과 같이 아파하는 그런 목사가 되겠습니다."

그것이 내 그때 서원한 기도입니다. 그래서 신학교 2학년 때 빈민촌에 들어간 거지요. 우리 하나님은 어떤 하나님입니까? 서러운 사람, 한 많은 사람, 상처받은 사람, 그래서 몸도 망가지고 마음도 망가지고 고통당하는 사람의 눈물 닦아주시고 한을 풀어주시고 서러운 삶이 위대한, 찬란한 삶으로 변화시켜 주시는 하나님이십니다.

기독교는 종말론의 신앙입니다. 상처투성이 얼룩지고 상처받고 엎치락뒤치락 갯벌에서 헤매다가 다가오는 새 하늘과 새 땅입니다. 신랑을 위하여 단장한 신부같이 다가오는 하나님의 나라입니다. 그런 영적 상상력, 그런 영적 도전이 우리 마음에 있어야 합니다. 기도하는 중에 말씀 묵상하는 중에 그 복음의 신비가 우리 영혼에 다가와야 합니다.

'하나님의 장막이 사람들과 함께 있으매 하나님이 그들과 함께 계시리니 그들은 하나님의 백성이 되고 하나님은 친히 그들과 함께 계셔서.'

천국의 소망입니다. 우리와 함께 천국에서 영원히 거하시는 하나님입니다.

성경 제일 마지막 장 요한계시록 22장 끝절을 봅니다.

> "이것들을 증언하신 이가 이르시되 내가 진실로 속히 오리라 하시거늘 아멘 주 예수여 오시옵소서 주 예수의 은혜가 모든 자들에게 있을지어다 아멘" 요한계시록 22장 20~21절

21절은 인사이고 20절이 마지막 말씀입니다. 아주 중요하겠지요!

낮고 천한 모습으로 이 땅에 오셔서 하나님의 어린양으로 고난 당하시고 십자가 위에서 죽임당하신 메시아, 예수 그리스도가 부활, 승천하셨습니다. 할렐루야!

이제 새 하늘과 새 땅을 이루시는 주님이 다시 오십니다. 이것을 기다리는 것을 '마라나타 신앙'이라고 합니다. 위대한 미래입니다.

'아멘! 주예수여 다시옵소서'

'마라나타'

김진홍 목사 말씀 산책
창세기에서 계시록까지 | 이사야

일어나라 빛을 발하라

2024년 2월 1일 초판 발행

지 은 이   김진홍

발 행 인   방경석

편 집 장   방지예

디 자 인   방지예

교   정   임미경

제   작   SD SOFT

등   록   제 301-2009-172호(2009.9.11)

주   소   경기도 동두천시 정장로 43

전   화   010-3009-5738

발 행 처   미문커뮤니케이션

Printed in Korea

ISBN 979-11-983072-3-1 03230

가   격   16,000원

내 삶을 이끌어 준
12가지 말씀

김진홍 지음

영혼 깊은 곳에서 흘러나와 우리의 마음을 두드리는

<새벽을 깨우리로다> 김진홍 목사의 과거 · 현재 · 미래

imoon
communication